Im Reigen der Evolutionen

Der Autor

Hermann Roland Bolz, 1952 in Kaiserslautern geboren, verlebte dort eine glückliche Kindheit und Jugend. Angeregt durch seinen flugbegeisterten Vater widmete er sich schon früh dem Modell-, und hierauf aufbauend bereits mit 14 Jahren dem Segelflug, welchen er auch heute noch als Vereinsfluglehrer betreibt.

Nach dem Abitur verpflichtete er sich für zwei Jahre bei der Bundesluftwaffe. Sein Wehrdienst war überschattet von den dramatisch-tragischen Ereignissen um die israelische Olympiamannschaft, welche er als stellvertretender Wachhabender im Jahre 1972 auf dem Fliegerhorst Fürstenfeldbruck unmittelbar erlebte, und die ihn in seiner Lebenseinstellung nachhaltig prägten.

Anschließend studierte er Forstwissenschaften in Freiburg im Breisgau. Sein hieran anknüpfender beruflicher Lebensweg umfasst zahlreiche Stationen inner- und außerhalb der Forstverwaltung von Rheinland-Pfalz. So war er nach dem Fall des Eisernen Vorhangs als Amtshelfer in Thüringen, als Verwaltungsmodernisierer in der rheinland-pfälzischen Staatskanzlei und nicht zuletzt als Entwicklungshelfer in Jordanien tätig. Heute ist er Direktor der Zentralstelle der Forstverwaltung in Neustadt an der Weinstraße.

Hermann Roland Bolz ist verheiratet und Vater von insgesamt sieben Kindern.

Er ist geprägt durch seinen an weiten Zeithorizonten und komplexen natürlichen und sozioökonomischen Systemen orientierten forstlichen Beruf und inspiriert sich immer wieder durch die einzigartige Weltperspektive des Segelfliegers. Im

Mittelpunkt seines Handelns steht der Wunsch, seiner Verantwortung gegenüber künftigen Generationen gerecht zu werden. Daher beschäftigt er sich heute intensiv mit den aktuellen gesellschaftlichen Herausforderungen. Im Fokus steht dabei die Frage der Nachhaltigen Entwicklung der Menschheit.

Hermann R. Bolz

Im Reigen der Evolutionen

Für Cara,

die sich auf den Weg macht, um zu gewinnen.

Herstellung und Verlag: BoD - Books on Demand, Norderstedt
Umschlagfotografie: Hermann R. Bolz
ISBN: 978-3-7448-9900-0

Bibliographische Information der Deutschen Bibliothek:
Die Deutsche Bibliothek verzeichnet diese Publikation in der Deutschen Nationalbibliographie; detaillierte bibliographische Daten sind im Internet über http://dnb.ddb.de abrufbar.

Inhaltsverzeichnis

Vorwort

Unsere Gegenwart ist außerordentlich. Sie liegt auf dem Gipfel einer atemberaubenden Vergangenheit. Der Blick in diese Vergangenheit verschwimmt recht bald, wo wir doch gerne wissen wollen, woher wir kommen. Und sie ist Ausgangspunkt in eine Zukunft, deren Umrisse noch schneller undeutlich werden. Eigentlich ist Gegenwart ein Hauch zwischen zwei Welten. Das Herausfordernde dabei ist die Frage, welche Rolle wir, Homo Sapiens, an dieser Stelle innehaben. Sind wir bedeutungslos, ein selbstverliebtes Aperçu der Weltgeschichte, das bald vergeht, oder sind wir wirkmächtig und nähern uns wenigstens ein wenig der absoluten Erkenntnis, die, wenn vorhanden, im Nebel der Zukunft verborgen liegt? Wenn Letzteres der Fall ist, dann müssen wir uns um diese Zukunft kümmern, denn wir werden den Rest unseres Lebens in ihr verbringen.

Schon seit meiner Kindheit haben mich diese Fragen beschäftigt. Froh bin ich darüber, stolz darauf und verzweifele mitunter daran, dass sie mich in meinem Erwachsenenleben begleiten. Und so will ich mich erneut auf den Weg machen in der Hoffnung, dass er mich Antworten näher bringt.

Allen, die hieran Anteil haben, danke ich. Auf den Höhen meiner Gedanken fühle ich mich mitunter einsam. Die Aussicht ist gewaltig, und kaum jemand da, mit dem ich dieses Erlebnis teilen kann. Gleichwohl begleitet mich die unendliche Dankbarkeit, dass mir immer wieder liebe Menschen den Weg dorthin ermöglichen.

Die Menschheit steht nicht vor einem Trümmerhaufen, sie ist nicht am Ende. Im Gegenteil: Sie befindet sich am Beginn einer großartigen Zukunft. Dem Warum und Wohin möchte ich in diesem Buch nachgehen, soweit es mein Verstand gestattet.

Einleitung

Im Kern dieses Buchs geht es um Evolution. Der Begriff stammt aus dem Lateinischen. „Evolution" bedeutet in etwa „allmähliche Entwicklung". Er steht damit im Gegensatz zu „Revolution", welche im gesellschaftlich-politischen Bereich einen Umsturz beschreibt.

Besondere Aufmerksamkeit hat der Begriff „Evolution" zunächst durch Charles Darwin in seinem Werk „On the Origin of Species by Means of Natural Selection"[1] erfahren. Und auch heute noch wird Evolution vielfach mit der Entwicklung von niedererem zu höherem Leben verbunden. Eine bemerkenswerte Erweiterung auf diesem Gebiet leistete Richard Dawkins mit seinem Buch „Das egoistische Gen"[2], indem er als Motor der kulturellen Evolution das von ihm so genannte „Mem" einführte. Schließlich erweiterte sich die Betrachtungsweise zu einer verallgemeinerten Evolutionstheorie.[3]

Vor diesem Hintergrund kann man sich mit Fug und Recht fragen, wieso zu diesem Thema ein weiteres Buch erforderlich ist. Hier geht es um die Einbettung des Bestrebens nach Nachhaltiger Entwicklung in den Reigen der verschiedenen Evolutionen sowie um eine Präzisierung der Rolle des Staates in diesem Zusammenhang.

Insgesamt werden vier Ausprägungen[4] von Evolutionen identifiziert:

---

[1] DARWIN, C., 1859.

[2] DAWKINS, R., 1994.

[3] Vgl. hierzu: SCHURZ, G., 2011, aber auch MERSCH, R., 2012.

[4] Die Evolution vor unserer derzeitigen Erkenntnisschwelle (1 Planck-Zeit nach dem Urknall) wird hier ausgeklammert.

- Materielle Evolution
- Genetische Evolution
- Memetische Evolution
- Transmemetische Evolution

Mit den Wirkungen jeder dieser Evolutionen ist eine bestimmte Phänomenologie[5] verbunden, die nachfolgend zunächst als solche beschrieben wird. Insgesamt wird dabei davon ausgegangen, dass die identifizierten Formen der Evolutionen sich zwar gegenseitig beeinflussen, jedoch nicht Weiterentwicklungen eines Entwicklungsstranges sind. Sie verlaufen, zeitlich versetzt, wesentlich vernetzt, parallel zueinander weiter. Auf ihre Verflechtungen wird anschließend eingegangen.

Mit Blick auf die Sicherung der Nachhaltigen Entwicklung wird kurz die diesbezügliche Rolle des Staates und die Bedeutung der Sprache für deren Gelingen behandelt.

Als wirksame Schlüsseltechnologie zur Vertiefung der memetischen Evolution wird schließlich die Raumfahrt identifiziert, die, zumindest im Anfangsstadium, des Engagements des Staates bedarf.

---

[5] Vgl. hierzu: MATURANA, H.R., VARELA, F.J., 2012, S. 60.

Evolutionen

Nachstehend werden die verschiedenen Evolutionen näher beschrieben. Die Breite des hier gewählten Ansatzes lässt nur eine begrenzte Tiefe zu. Daher erfolgt eine Beschränkung auf „Orientierungs-Verallgemeinerungswissen“[6]. Hierunter wird der Rekurs auf derzeit herrschende Grundaussagen der berührten Disziplinen verstanden, ohne diese bis in die tiefen Verästelungen ihrer Begründungen auszuleuchten. Gleichwohl erschließt diese Vorgehensweise neue, erkenntnisgeneigte Perspektiven.

Materielle Evolution

Die materielle Evolution ist die Evolutionsart, die nach heutiger Kenntnis am Längsten währt. Ihr Ursprung liegt nach herrschender Auffassung im „Urknall“ vor ca. 13,75 Milliarden Jahren. Dieser stellt derzeit einen Ereignishorizont dar. Bisher ist es nicht möglich, durch dieses Ereignis „hindurch zu schauen“. Mehr noch: Die Erklärungskraft unserer großen physikalischen Theorien erschöpfen sich, in die Vergangenheit betrachtet, 1 Planck-Zeit[7] vor dem Urknall.

Inzwischen gibt es erste Hinweise, dass es sich bei dem Urknall nicht um eine Singularität handelt, sondern dass das Universum bereits davor existierte.[8] Die in diesem Zusammenhang bestehenden wissenschaftlichen Herausforderungen sind enorm und schlagen sich derzeit in der Entwicklung der Superstring- sowie der M-Theorie als einer „Theorie von

---

[6] Vgl. zum Begriff: WILBER, K., 2007, S. 37.

[7] $t_p \approx 5{,}391 \cdot 10^{-44}$s.

[8] BOJOWALD, M., 2009, S. 14.

Allem“ nieder.[9] Die nachstehende Betrachtung klammert diesen Bereich aus und verfolgt den Gang der Entwicklung unseres Universums, hier materielle Evolution genannt, ab dem Zeitpunkt einer Planck-Zeit nach dem Urknall. Diese verlief nach SMOOT[10] wie folgt:

$5{,}391 \cdot 10^{-44}$ Sekunden, Temperatur 10^{32} Kelvin

Epoche der großen Vereinheitlichung. Starke, schwache und elektromagnetische Kraft sind ununterscheidbar vereint.

10^{-34} Sekunden, Temperatur 10^{27} Kelvin

Die starke trennt sich von der elektro-schwachen Kraft. Das Universum ist ein Plasma aus Quarks, Elektronen und anderen Teilchen. Seine Ausdehnung wird durch die Gravitation verlangsamt.

10^{-10} Sekunden, Temperatur 10^{15} Kelvin

Die elektromagnetische und die schwache Kraft trennen sich. Ein Überschuss von einem Milliardstel an Materie gegenüber der Antimaterie ist entstanden. Quarks können zu Protonen und Neutronen verschmelzen. Teilchen haben Substanz gewonnen.

1 Sekunde, Temperatur 10^{10} Kelvin

Neutrinos entkoppeln, daraufhin vernichten sich Elektronen und Positronen, wobei aber ein Rest an Elektronen übrig bleibt.

3 Minuten, Temperatur 10^{9} Kelvin

---

[9] VAAS, R., 2013, S. 501.

[10] SMOOT, G., 1995, S. 1992 ff., durch den Autor leicht modifiziert.

Protonen und Neutronen können sich zu Kernen verbinden, da ihre Bindungsenergie größer ist als die Energie der kosmischen Hintergrundstrahlung. Es kommt zu einer raschen Synthese leichter Kerne (Deuterium), dann von schweren Elementen wie Helium bis hin zu Lithium.

300.000 Jahre, Temperatur 3.000 Kelvin

Materie und Hintergrundstrahlung entkoppeln, als Elektronen sich mit Protonen zu neutralen Atomen verbinden. Das Universum wird transparent für die kosmische Hintergrundstrahlung.

1 Milliarde Jahre, Temperatur 18 Kelvin

Materieansammlungen entstehen, die zu Quasaren, Sternen und Protogalaxien werden. Im Innern der Sterne bilden sich durch die Verbrennung der ursprünglichen Wasserstoff- und Heliumkerne schwere Kerne wie Kohlenstoff, Stickstoff, Sauerstoff und Eisen. Diese werden durch stellare Winde und Supernova-Explosionen zerstreut, wodurch neue Sterne, Planeten und das Leben entstehen können.

8,75 Milliarden Jahre: Unser Sonnensystem entsteht aus Überresten älterer Sterne. Durch chemische Prozesse sind Atome zu Molekülen und schließlich zu komplizierten Festkörpern und Flüssigkeiten zusammen getreten.

Besonders hervorzuheben sind die zunehmend langen Zeiträume zwischen den verschiedenen Entwicklungsstufen des Universums. Auch heute hält die materielle Evolution an. Für die Erde wichtige Einflussfaktoren werden nachstehend ohne Anspruch auf Vollständigkeit beschrieben.

Die Sonne[11]

Von herausragender Bedeutung für die Lebensverhältnisse auf der Erde ist die Sonne. Beinahe 100% der auf der Erde zur Umwandlung zur Verfügung stehenden Energie stammt von ihr. Der nahezu zu vernachlässigende Rest ist Wärme aus der Zeit der Entstehung der Erde sowie Ergebnis radioaktiver Vorgänge im Innern unseres Planeten.

Die von der Sonne ausgehende Strahlung ist eine Folge von Kernfusionen im inneren Viertel des Sonnenkörpers. Dort verschmelzen bei extrem hohen Temperaturen unter Massenverlust Wasserstoff- zu Heliumatomen. Die hierbei gemäß der Einstein'schen Formel $E = mc^2$ freigesetzte Energie verlässt sowohl den Sonnenkörper als auch dessen Atmosphäre und tritt in Form von Strahlung den Weg in den Weltraum an, wo sie auch die Erde trifft.

Durch die Bildung schwererer Heliumatome verdichtet sich die Sonne, was zu einer Erhöhung der Strahlungsleistung führt. Diese bewirkt nach heutiger Kenntnis eine Zunahme von etwa 1 % je 110 Millionen Jahre. Dadurch erhöht sich in etwa 900 Millionen Jahren die Durchschnittstemperatur auf der Erde auf 30° C, was als Grenze für die Fortdauer höheren irdischen Lebens gilt. Angesichts dieses langen Zeitraums wird diese Entwicklung bei den hier angestellten Betrachtungen vernachlässigt. Grundsätzlich betrachtet bedeutet sie jedoch, dass einer Nachhaltigen Entwicklung auf der Erde auch aus diesem Grund grundsätzliche Grenzen gesetzt sind.

Die von der Sonne an der Atmosphärenoberfläche der Erde ankommende Energie beträgt derzeit 1.367 W/m². Dieser

---

[11] Die nachstehenden Ausführungen basieren auf VAHRENHOLDT, F., LÜNING, S., 2012, S. 37 ff.

Wert wird auch als Solarkonstante bezeichnet. Sie halbiert sich auf dem Weg zur Erdoberfläche etwa auf die Hälfte. Zusätzlich ist deren Krümmung zu berücksichtigen, so dass sie sich weiter auf durchschnittlich 342 W/m^2 reduziert.

Der Begriff der Solarkonstante vermittelt den Eindruck von Unveränderlichkeit. Dies ist insofern nicht korrekt, als die Intensität der Sonnenaktivität verschiedenen Zyklen unterliegt.

Bekannte Hinweise auf die Schwankungen der Sonnenaktivität sind das Maunder-Minimum von 1645 bis 1717 n.Chr. sowie das Dalton-Minimum von 1790 bis 1830 n.Chr. Inzwischen hat man zahlreiche Zyklen der Sonnenaktivität identifiziert, nämlich den

- 11-jährigen Schwabe-Zyklus
- 22-jährigen Hale-Zyklus
- 80 – 90-jährigen Gleißberg-Zyklus
- 210-jährigen Suess/de-Vries-Zyklus
- 1000-jährigen Eddy-Zyklus
- 2300-jährigen Hallstadt-Zyklus

Die Zahlenangaben sind Mittelwerte, um die die tatsächlichen Sonnenaktivitätszyklen schwanken. Alle Zyklen überlagern sich, wodurch sowohl Verstärkungen als auch Abschwächungen entstehen können.

Beim Durchgang durch die Erdatmosphäre werden die modifizierten Strahlungsgänge zusätzlich verändert, was wiederum die Strahlungsbilanz an der Erdoberfläche verändern kann.

Insgesamt entsteht so ein sehr kompliziertes und komplexes Wirkungsgefüge.

Himmelskörper

Seit ihrer Entstehung „sammelt“ die Erde andere Himmelskörper, die endgültig in ihr Schwerkraftfeld geraten. Sehr ausgeprägt war dies bis etwa vor 4 Milliarden Jahren. Danach war die wesentliche Materie „eingesammelt“ und es ereigneten sich nur noch relativ selten größere Meteoriteneinschläge, allerdings dann mit erheblichen Folgen für die Verhältnisse auf der Erde.

In diesem Zusammenhang ist wichtig, dass das Ende des andauernden Bombardements durch Himmelskörper seit etwa 4 Milliarden Jahren den großen Planeten, insbesondere dem Jupiter zu verdanken ist. Dieser verhindert durch sein ausgeprägtes Gravitationsfeld, dass Himmelskörper aus dem Asteroidengürtel jenseits des Mars auf Kollisionskurs mit der Erde geraten. Die Erde als solche ist seither in dieser Hinsicht approximativ stabil.[12]

Die Erde[13]

Die Erde entstand vor etwa 4,56 Milliarden Jahren. Die ältesten zur Zeit bekannten Steine haben ein Alter von etwa 4 Milliarden Jahren, erste Hinweise auf fließendes Wasser zeigen Gesteine mit einem Alter von 3,8 Milliarden Jahren. Seither existieren sowohl eine Hydrosphäre als auch Spuren eines Klimasystems, das unserem derzeitigen ähnelt. Etwas jüngere Gesteine von 3,5 Milliarden Jahren belegen ein Magnetfeld, dessen Feldstärke ungefähr der heutigen entspricht. Vor 2,5

---

[12] Vgl. hierzu auch: SCHURZ, G., 2011, S. 151.

[13] Die folgenden Ausführungen basieren auf PRESS, F., SIEVER, R. 2008, S. 8 ff.

Milliarden Jahren hatte sich genügend Krustenmaterial an der Erdoberfläche angereichert, so dass Festlandmassen entstehen konnten.

Der bei diesen Vorgängen entstandene Schalenaufbau der Erde gliedert sich, wie folgt:

- Erdkruste: 0 – 40 km, 0,4 % der Gesamtmasse
- Erdmantel: 40 – 2890 km, 61,7 % der Gesamtmasse
- Äußerer Kern: 2890 – 5150 km, 30,8 % der Gesamtmasse, aus flüssigem Eisen und Nickel bestehend
- Innerer Kern: 5150 – 6370 km, 1,7 % der Gesamtmasse, aus festem Eisen und Nickel bestehend

Mit Blick auf die durch die materielle Evolution erzeugte Phänomenologie kann man unterscheiden:

- Geodynamo
- Plattentektonik
- Klima

Die beiden erstgenannten Phänomene werden durch die innere Wärme der Erde, das Letztgenannte durch die Sonnenenergie angetrieben.

Geodynamo

Im äußeren, flüssigen Erdkern entsteht durch Konvektionsbewegungen das Magnetfeld der Erde. 90 % dieser Erscheinung können durch die Annahme eines einfachen Dipols im Kern der Erde beschrieben werden. Die restlichen 10 % zeigen eine wesentlich kompliziertere Struktur. Die Ausrichtung des Magnetfeldes ist um etwa 11^0 gegen die Erdachse gedreht, so dass geographischer und magnetischer Nordpol auseinander fallen. Letzterer verändert seine Lage darüber hinaus um 5^0 bis 10^0 je Jahrhundert.

Das Magnetfeld der Erde reicht weit in den Weltraum hinaus. Dadurch werden sowohl der Sonnenwind als auch kosmische Strahlung abgelenkt. Wäre dies nicht der Fall, bestünde die Gefahr des Verlustes der Erdatmosphäre als Folge des Sonnenwindes, wie dies vermutlich beim Mars geschehen ist. In diesem Zusammenhang ist interessant, dass sich das Erdmagnetfeld in unregelmäßigen Zeitabständen umpolt. In den Phasen eines solchen Übergangs ist die Erde den Wirkungen des intensivierten Strahlungsstroms weitestgehend ungeschützt ausgesetzt.

Die Veränderungen des Magnetfeldes der Erde durch Schwankungen des Geodynamo werden als bedeutende Merkmale der materiellen Evolution auch in Zukunft stattfinden.

Plattentektonik

Die Theorie der Plattentektonik besagt, dass die Lithosphäre (Erdkruste) in etwa ein Dutzend großer und mehrerer kleiner Platten zerbrochen ist. Diese schwimmen auf der Asthenosphäre, in welcher wiederum Konvektionsströmungen stattfinden. Dabei sind folgende relativen Bewegungen der Platten denkbar:

Divergierende Platten: Die Platten bewegen sich auseinander, wie z. B. die am Mittelatlantischen Rücken. Dabei entstehen Vulkanismus und Erdbeben. Das Phänomen des sich dabei bildenden Meeresbodens bezeichnet man als Seafloor-Spreading.

Konvergierende Platten: Da sich die Erde nicht vergrößert, muss der Effekt der divergierenden Platten andernorts einen Ausgleich finden.

Kollidieren zwei ozeanische Platten, taucht eine unter die andere ab. Dieses Absinken, auch Subduktion genannt, führt zur Bildung schmaler Tiefseerinnen, wie etwa dem Marianengraben. Hinter diesen Tiefseerinnen entstehen bogenförmig verlaufende Ketten von Vulkanen, sogenannte Inselbögen, wie die vulkanisch sehr aktiven Alëuten.

Kollidieren eine ozeanische und eine an ihrem Rand einen Kontinent tragende Platte, so überfährt letztere erstere. Der Rand des Kontinents wird deformiert und zu einem Gebirge angehoben, das parallel zum sich bildenden Tiefseegraben entsteht. Bei diesem Vorgang treten starke Erdbeben auf.

Kollidieren zwei kontinentale Platten, kommt es zu keiner Subduktion. Die Kollision führt zu einer Krustenverdopplung wie etwa beim Aufgleiten der eurasischen auf die indische Platte, was schließlich in diesem Fall zur Bildung der Himalaya-Gebirgskette und des Hochlands von Tibet führt. Auch bei diesem Prozess kommt es zu heftigen Erdbeben.

Transformstörungen: An Grenzen, an denen Platten aneinander vorbeigleiten, wird Lithosphäre weder neu gebildet noch zerstört. Ein bekanntes Beispiel hierfür ist die San-Andreas-Störung in Kalifornien. Dort gleitet die Pazifische an der Nordamerikanischen entlang. An Transformationsstörungen treten ebenfalls Erdbeben auf.

Die Geschwindigkeit der relativen Plattenbewegung an den Mittelozeanischen Rücken beträgt weltweit im Durchschnitt etwa 50 mm je Jahr. Spitzenwerte der Plattenbewegungen sind ca. 150 mm je Jahr.

Da diese Prozesse innerhalb der Lithosphäre auch in Zukunft von statten gehen werden, werden Vulkanismus und Erdbeben sowie deren Sekundärfolgen (Tsunamis, Änderung der Temperatur der Atmosphäre, etc.) als bedeutende Merkmale der materiellen Evolution weiterhin stattfinden.

Klima

Unter dem Begriff Klima werden die charakteristischen, nahe der Erdoberfläche herrschenden atmosphärischen Zustände zusammengefasst. Es ist das Ergebnis einer statistischen Beschreibung relevanter Klimaelemente. Hierzu zählen insbesondere Lufttemperatur, Luftfeuchtigkeit, Bewölkung, Niederschlagsmenge, Windgeschwindigkeiten und Sonnenscheindauer.

Das Klima schließt alle Wechselwirkungen ein, die erklären, wie es sich in Raum und Zeit verhält. Seine wichtigsten Komponenten sind:

- Atmosphäre
- Hydrosphäre
- Kryosphäre
- Lithosphäre
- Biosphäre

Die Behandlung Letzterer wird in diesem Kapitel zurück gestellt, da es sich hierbei um eine über den engeren Bereich der materiellen Evolution hinausgehende Wechselwirkung mit der genetischen und memetischen handelt.

Atmosphäre

Unter der Atmosphäre wird die Gashülle verstanden, die die Erde umgibt. Sie setzt sich aus überwiegend molekularem Stickstoff (78 Volumenprozent), Sauerstoff (21 Volumenprozent), Argon (0,93 Volumenprozent), Kohlendioxid (0,0381 Volumenprozent, Stand 2006) und weiteren Gasen (insgesamt 0,035 Volumenprozent) zusammen. Zu den letztgenannten zählt auch Wasserdampf, dessen Konzentration in Bodennähe bis zu 3 % betragen kann. Wasserdampf und Kohlendioxid sind die wesentlichen Treibhausgase, ohne die das Klima auf der Erde wesentlich kälter wäre. Ein weiterer, mengenmäßig kleiner Bestandteil der Atmosphäre ist Ozon, welches den größten Teil der ultravioletten Strahlung absorbiert.

Die Atmosphäre gliedert sich in verschiedene, aufeinander folgende Schichten.

Drei Viertel ihrer Masse befinden sich in der untersten Schicht, der sogenannten Troposphäre, deren Mächtigkeit im Schnitt 11 Kilometer beträgt. In ihr sinkt die Lufttemperatur mit zunehmender Höhe um durchschnittlich 0,65 °C/100 m und beträgt an der Obergrenze -56,5 °C. Das Wettergeschehen findet im Wesentlichen hier statt.

Getrennt durch die Tropopause folgt darüber die Stratosphäre. Sie reicht in eine Höhe von ca. 50 km. In ihr nimmt die Temperatur bis auf annähernd 0°C an ihrer Obergrenze zu. Von besonderer Bedeutung ist die hier erfolgende Bildung von Ozon, welches vor der ultravioletten Strahlung der Sonne schützt.

Getrennt durch die Stratopause folgt als nächste Schicht die Mesosphäre, in der die Lufttemperatur auf -90 °C in 80 km Höhe abnimmt.

Getrennt durch die Mesopause schließt die Ionosphäre an. Als Folge der Ionisation in der äußerst dünnen Luft entstehen hier sehr hohe Temperaturen (1000 °C in 200 km Höhe). Die Ionisation erfolgt in verschiedenen Schichten, die alle elektrisch sehr gut leitend sind.

Die Ionosphäre geht schließlich in einer Höhe von 400 km in die Exosphäre über.

In der Atmosphäre finden derzeit Veränderungen statt, die für die Nachhaltige Entwicklung der Menschen von großer Bedeutung sind. Hierbei handelt es sich zum einen um die Erhöhung der Kohlendioxidkonzentration, zum anderen um die Beeinträchtigung der Ozonschicht. Erstere führt zu einer heute noch schwer vorhersagbaren Klimaveränderung, wobei es der Weltgemeinschaft bisher noch nicht gelungen ist, die hinterliegenden Ursachen zu beseitigen. Letztere schwächt den Schutz vor kosmischer Strahlung, wobei gute Fortschritte in der Ursachenbekämpfung festgestellt werden können. Hierbei ist zu berücksichtigen, dass diese Effekte nicht alleine auf die Wirkungen der materiellen Evolution zurückgeführt werden können. Sie haben auch anthropogene Ursachen und werden daher später nochmals aufgegriffen. Gleiches gilt für die Veränderungen in der Hydro-, Kryo- und Lithosphäre.

Hydrosphäre

Die Hydrosphäre umfasst die Ozeane, Binnenseen, Flüsse, Bäche und das Grundwasser. Letzteres bewegt sich im Grenzbereich der Lithosphäre. Nur ein geringer Teil des flüssigen Wassers, etwa ein Prozent, befindet sich außerhalb der Ozeane. Gleichwohl spielt dieser für das Klima eine wesentliche Rolle.

Darüber hinaus werden durch die Binnengewässer die Niederschläge, angereichert durch Salze und Mineralien, wieder den Ozeanen zugeführt.

Die in den Ozeanen verlaufenden, großräumigen Meeresströmungen transportieren gewaltige Wärmemengen mit erheblichen Auswirkungen auf das Klima. Von besonderer Bedeutung ist der thermohaline Strömungskreislauf, der warmes Wasser aus den äquatorialen Bereichen zu den Polen transportiert.

Kryosphäre

Unter der Kryosphäre wird der aus Eis und Schnee bestehende Teil der Erde verstanden. Dieser umfasst im Wesentlichen die Eiskappen und Gletscher der Polargebiete. Derzeit überdecken diese Eismassen ca. 10 % der Festlandfläche. Darin sind drei Viertel des Süßwassers der Erde gebunden.

Zum schwimmenden Eis zählen das Meereis sowie das gefrorene See- und Flusswasser.

Hydro- und Kryosphäre stehen in einem intensiven Wasseraustausch. Ungefähr 33 % der Landoberfläche sind jahreszeitlich bedingt von Schnee bedeckt, wobei dies zu 98 % für die Nordhalbkugel gilt. Schmelzender Schnee ist die wichtigste Quelle für das Süßwasser der Hydrosphäre.

Als Folge der hohen Albedo von Eis und Schnee hat die Kryosphäre großen Einfluss auf das Klima. Darüber hinaus beeinflusst das in Form von Eis und Schnee gebundene Wasser die Höhe des Meeresspiegels. Dieser lag beim Höhepunkt der letzten Eiszeit ca. 130 m tiefer als heute.

Lithosphäre

Wichtig für das Klima der Erde ist die Oberfläche der Festländer, die etwa 30% der Erdoberfläche einnimmt.

Unter dem Gesichtspunkt der materiellen Evolution ist zunächst bedeutsam, dass sich diese Landflächen als Folge der Plattentektonik bewegen. Durch die in erdgeschichtlichen Zeiträumen verlaufenden Verlagerungen kam es auf ihnen in der Vergangenheit zu zahlreichen Klimaänderungen. Für die hier angestellten Betrachtungen sind diese jedoch ohne Relevanz.

Ein weiteres, wichtiges Merkmal ist die Oberflächenform. Diese hat erheblichen Einfluss auf die Luftströmungen und damit auf die Verteilung der Niederschläge. So regnet Luft beim Anstieg an einem Gebirge in dessen windzugewandter Seite aus, während in dem dahinterliegenden Gebiet mit nur geringen Niederschlägen zu rechnen ist.

Ebenso bedeutsam ist die Zusammensetzung der Landoberfläche, da diese erheblichen Einfluss auf den Umfang der Absorption der Sonneneinstrahlung hat. Steigt beispielsweise bei dunkler Oberfläche die Temperatur, so verdunstet mehr Wasser, was wiederum weitere Effekte im Klimahaushalt erzeugt. Die Wirkung der Gestalt der Erdoberfläche auf das Klima wird zusätzlich von der jeweils vorhandenen Vegetationsform und -zusammensetzung beeinflusst. Hierauf wird später eingegangen.

Ebenfalls an die Lithosphäre gebunden ist der Vulkanismus. Größere Vulkanausbrüche können das Klima erheblich beeinträchtigen, indem sie Staubteilchen bis in die Stratosphäre schleudern, welche dort mehrere Jahre die Intensität der Sonneneinstrahlung mindern können. Dies geschah bei der Eruption des Tambora im Jahre 1815, deren Folge u.a. das Jahr ohne Sommer, 1816, auf der Nordhalbkugel war.

Treibhauseffekt

Würde die Erdatmosphäre keine Treibhausgase enthalten, wäre die durchschnittliche Oberflächentemperatur der Erde -19 °C. Unter diesen Temperaturverhältnissen wäre alles Wasser gefroren. Tatsächlich beträgt die mittlere Temperatur an der Erdoberfläche jedoch +14 °C. Dieser Effekt wird durch die sogenannten Treibhausgase, im wesentlichen Wasserdampf, Kohlendioxid und Methan, hervorgerufen.

Besonders bemerkenswert ist, dass die Konzentration des Kohlendioxid vor der industriellen Revolution lange Zeiträume bei etwa 280 ppm verharrte. Dies ist dem sogenannten Kohlenstoffkreislauf zu verdanken, der Atmosphäre, Hydrosphäre, Lithosphäre, Kryosphäre und Biosphäre umfasst.

Zwischenresümee

Während die Zeit zwischen dem Urknall und der Planckzeit sich, auch was ihre eventuell bis heute anhaltenden Wirkungen angeht, unserem Verständnis entzieht, ist die danach folgende materielle Evolution diejenige, die bisher am längsten anhält und auch in Zukunft ablaufen wird. Eines ihrer Ergebnisse ist, dass eine „Habital Zone“[14] entstanden ist, in der sich komplexes Leben entwickeln konnte. Der spannenden Frage, ob diese eine Singularität im Universum ist oder ob eine Vielzahl solcher Zonen mit intelligentem Leben besteht, wird hier nicht nachgegangen.

---

[14] Vgl. zum Begriff: WARD, P. D., BROWNLEE, D., 2004, S.15 ff.

Festzuhalten bleibt, dass Wirkungen dieser Evolution die Existenz des Menschen signifikant beeinflussen können, während im Gegenzug die Einflussmöglichkeiten des Menschen hierauf als eher gering eingeschätzt werden müssen – auch, wenn heute davon gesprochen wird, unser Zeitalter als Anthropozän zu bezeichnen.

Genetische Evolution

Unter der genetischen Evolution wird die Entwicklung des Lebens auf der Erde verstanden. Wesentliches Element aller Lebewesen ist das in Form der DNA repräsentierte Genmaterial.

Erste Lebewesen traten als Extremophile vor ca. 4,1 bis 3,9 Milliarden Jahren auf.[15] Wenn man bedenkt, dass die Erde vor ca. 4,56 Milliarden Jahren entstanden ist, so ist dieses Ereignis sehr rasch eingetreten.

Merkmale der genetischen Evolution

Der mit dem Auftreten erster Lebewesen startende Prozess der genetischen Evolution wird durch drei Komponenten charakterisiert.[16]

- Reproduktion: Lebewesen reproduzieren sich regelmäßig und erzeugen dadurch neue Generationen.
- Variation: Reproduktionen können zu Variationen im Erbmaterial führen, die an die nächsten Generationen weitergegeben werden.

[15] WARD, P.D., BROWNLEE, D., 2004, S. 57 ff.
[16] SCHURZ, G., 2011, S.131 ff.

- Selektion: Bestimmte Varianten der Lebewesen sind besser an Umgebungsbedingungen angepasst als andere und reproduzieren sich dadurch häufiger.

Vor diesem Hintergrund wird deutlich, dass die Entwicklung des Lebens vergleichsweise langsam voran schreitet. Zum einen sind Variationen bei der Reproduktion nicht die Regel, sondern eher die Ausnahmen. Zum Zweiten müssen solche Variationen nicht in jedem Fall zu einer besseren Anpassung an Umgebungsbedingungen führen und schließlich ist die Weitergabe von Variationen generationengetaktet. Es nimmt daher nicht Wunder, wenn die Entwicklung des Lebens bis zur kambrischen Revolution zunächst sehr langsam fortgeschritten ist. Erst vor ca. 542 Millionen Jahren entstanden acht neue Stämme des Tierreiches, darunter die Vorfahren nahezu aller heute lebenden Tiere.

Ein weiteres wesentliches Merkmal der genetischen Evolution ist ihre Entwicklungsdynamik. Natur ist nicht stabil. Als Folge von Reproduktion, Variation und Selektion finden auch intraspezifische Differenzierungen statt, wodurch, in hinreichend langen Zeiträumen, ständig neue Arten entstehen. Darüber hinaus sind Pflanzen und Tiere in hohem Maße mobil und dadurch in der Lage, bei gegebener Eignung rasch neue Lebensräume zu besiedeln. Unter grundsätzlicher Betrachtung bedeutet dies, dass ein wesentliches Element der natürlichen Entwicklung die Fähigkeit zur Invasion ist.[17]

Ein Ziel dieser Entwicklung erschließt sich menschlichem Verständnis nicht.[18]

---

[17] Vgl. hierzu PEARCE, F., 2016.
[18] KÜSTER, H., 2005, S. 82 ff.

Meilensteine der genetischen Evolution

Die Suche nach dem Ursprung des Lebens wirft mehrere Fragen auf. Zunächst die nach seiner Charakteristik, danach die nach dem Zeitpunkt seines Auftretens und schließlich die nach seiner Herkunft.

Minimale Eigenschaft des Lebens ist, sich erhalten und vermehren zu können. Zentraler Baustein ist in diesem Zusammenhang die sogenannte DNS (Desoxyribonukleinsäure, engl. DNA), die allen Lebewesen gemein ist. Vor dem Hintergrund dieser Definition stehen die Viren an der Schwelle zum Leben, da sie zu ihrer Reproduktion den Körper eines Wirts benötigen.

Wie bereits erwähnt ist das Leben vor etwa 4,1 bis 3,9 Milliarden Jahren vor heute auf der Erde heimisch geworden. Dieser Zeitpunkt ist erstaunlich nahe an dem der Entstehung des Planeten an sich, welche vor etwa 4,65 Milliarden Jahren erfolgte. Diese erste Entwicklungsphase der Erde war gekennzeichnet durch ein ungeheures Bombardement von Himmelskörpern und damit insgesamt von sehr lebensfeindlichen Verhältnissen an deren Oberfläche.

MILLER, S. und UREY, H. haben 1952 in einem Experiment nachgewiesen, dass und wie in einer simulierten Uratmosphäre Aminosäuren entstehen konnten. Bisher nicht gelungen ist, von hier aus ausgehend, DNA künstlich zu erzeugen. Inzwischen bestehen auch Zweifel daran, ob die seinerzeitigen Verhältnisse tatsächlich den Annahmen der beiden Wissenschaftler entsprachen.[19]

---

[19] Siehe WARD, P.D., BROWNLEE, D., 2004, S. 68 und PRESS, F., SIEVER, R., 2008, S. 285

Extremophile[20]

Der Möglichkeit, dass Leben an der Erdoberfläche entstand, stehen die seinerzeitigen extremen Verhältnisse dort entgegen. Vor diesem Hintergrund erscheint es heute als denkbar, dass Leben in den Tiefen der Ozeane entstanden ist. Dabei wird nicht ausgeschlossen, dass die Lebensbausteine via einschlagender Himmelskörper zur Erde gekommen sind und daher einen extraterrestrischen Hintergrund haben.

Die ersten Träger des Lebens werden als Extremophile bezeichnet. Es handelt sich dabei um chemoautotrophe Organismen, die ihre Energie unmittelbar aus der Oxidation anorganischer Stoffe gewonnen haben. Ihr Lebensraum könnten die heißen Thermalquellen am Boden der Ozeane gewesen sein. Dort waren sie vor den Auswirkungen der Einschläge von Himmelskörpern weitestgehend geschützt.

Cyanobakterien[21]

Ein weiterer wichtiger Meilenstein der genetischen Evolution war das Auftreten der sogenannten Cyanobakterien. Sie gelten als die „Erfinder" der Photosynthese und sind daher vermutlich die ersten sauerstofferzeugenden Organismen. Sie sind vor ca. 2,7 Milliarden Jahren erstmals auf der Erde aufgetreten und haben ab diesem Zeitpunkt die Erdatmosphäre entscheidend verändert. Zunächst wurde jeglicher in Bodennähe erzeugter Sauerstoff unmittelbar durch im Wasser gelöste Eisenionen gebunden. Vor ca. 2 Milliarden Jahren überwog die Sauerstoffproduktion jedoch diese Bindefähigkeit,

---

[20] Vgl. hierzu: WARD, P. D., BROWNLEE, D., 2004, S. 70.

[21] Vgl. hierzu GRAEDEL, P. E., CRUTZEN, P. J., 1996, S. 67 ff. sowie auch PRESS, F., SIEVER, R. 2008, S. 287 ff.

und es begann sich Sauerstoff in der Atmosphäre anzusammeln. Unterstützt wurde dieser Prozess durch Photodissoziation von Wasser in der Atmosphäre, durch die Wasserstoff in den Weltraum entwich, während der Sauerstoff in der Atmosphäre verblieb. In der ursprünglichen Kohlendioxid-Atmosphäre reicherte sich so der Sauerstoff an. Vor 2 Milliarden Jahren auf ca. 1 %, vor 700 Millionen Jahren auf etwa 10 % und vor 350 Millionen Jahren schließlich auf den heutigen Wert.

Ein weiterer, für die Entwicklung des Lebens sehr wichtiger Effekt dieser Sauerstoffanreicherung war die damit verbundene Bildung des Ozon. Dadurch wurde die Erdoberfläche von der tödlichen, von der Sonne ausgehenden ultravioletten Strahlung abgeschirmt. Dies war eine entscheidende Voraussetzung für die Besiedlung der Landflächen.

Kambrische Explosion

Nach einer etwa 3 Milliarden Jahre andauernden sehr langsamen Evolution entstanden vor ca. 542 Millionen Jahren eine Vielzahl großer, Skelette bildender Lebewesen. Dieser Zeitabschnitt im Kambrium wird als die Kambrische Explosion des Lebens bezeichnet. Alle heute lebenden Organismengruppen sowie auch einige inzwischen ausgestorbene Tiergruppen haben ihre Wurzeln in diesem Zeitraum. Was diesen Ausbruch an Lebensvielfalt letztendlich verursacht hat, ist derzeit noch nicht geklärt.

Erste Landlebewesen

Vor etwa 410 bis 360 Millionen Jahren fassten die ersten Pflanzen Fuß an Land. Diesen folgten alsbald die Tiere. Der Schritt aus den Ozeanen, in denen die kambrische Explosion stattgefunden hatte, war wahrscheinlich durch den dort wachsenden Konkurrenzdruck bedingt. Das bis dahin unbesiedelte Land barg eine große Zahl ökologischer Nischen, die reichlich Raum für das Fortschreiten der genetischen Evolution boten. Dieser Vorgang zeigt sehr plastisch die invasive Energie der belebten Natur, musste doch hierfür ein bedeutender Anpassungsprozess durchlaufen werden.

Hominiden[22]

Von besonderer Bedeutung für die vorliegende Betrachtung ist das Auftreten des Menschen. Seine phylogenetischen Wurzeln reichen zurück bis zum ersten Auftreten der Hominoiden (Menschenartigen) vor ca. 27 Millionen Jahren. Im Verlauf derer Entwicklung spalteten sich von einem gemeinsamen Vorfahren vor ca. 18 Millionen Jahren zunächst die Gibbons, danach die Orang Utans und die Gorillas ab. Schimpansen und Hominiden trennten sich vor ca. 6 Millionen Jahren.

Die Entwicklung zum Menschen verlief keineswegs linear, sondern wies zahlreiche Verzweigungen auf, aus denen schließlich Homo sapiens hervor ging.

Genetische Evolution und Nachhaltigkeit

Bei Auseinandersetzungen zum Thema Nachhaltige Entwicklung besteht häufig Unklarheit darüber, worauf sich diese beziehen soll. Idealtypisch gesehen können zwei entgegengesetzte Positionen beschrieben werden. Bei ersterer wird die Auffassung vertreten, dass die Prinzipien einer Nachhaltigen Entwicklung der Natur immanent seien und von dort auf die menschliche Entwicklung übertragen werden können. Die zweite postuliert, dass Nachhaltige Entwicklung ein Attribut

---

[22] Vgl. zu den folgenden Ausführungen FOLEY, R., 2000, S. 46 ff.

der memetischen Evolution und damit anthropogen und anthropozentrisch zu verstehen sei.

Die Natur - das Paradebeispiel für Nachhaltige Entwicklung?[23]

Für viele Menschen ist die belebte, nicht-menschliche Natur das Beispiel für Nachhaltigkeit schlechthin. Die große Zeiträume umspannenden Abläufe in unserer natürlichen Umgebung vermitteln den Eindruck, die Natur sei etwas Unveränderliches, eben „nachhaltig" Vorhandenes. In der Tat verändert sich beispielsweise die Waldlandschaft während eines Menschenlebens nicht allzu sehr. Sie ist bereits bei der Geburt eines Kindes vorhanden und besteht nach dessen Tod als Erwachsenem noch fort. Die in der Regel dabei langsam fließenden Veränderungen innerhalb dieses Ökosystems werden von Laien kaum wahrgenommen. Hieraus erklärt sich auch der Widerstand von Menschen gegen Baumfällaktionen in Städten, der Wunsch, alte, auch kranke Bäume, koste es, was es wolle, zu erhalten, oder, in der Fläche, große Naturschutzgebiete auszuweisen, in denen menschliche Einflussnahmen unterbleiben oder doch auf ein Minimum zurückgeführt werden sollen. Alles das als Ausdruck des Wunsches, einen bestimmten, als natürlich empfundenen Zustand zu konservieren. Dass dieser Wunsch dem Wesen der Natur diametral widerspricht, wird derzeit allenfalls nachrangig zur Kenntnis genommen.

Vergleichbares gilt in noch größerem Umfang für die unbelebte Natur. Wahrnehmbare geologische Veränderungen verlaufen in Zeiträumen, die sich regelmäßig der menschlichen

---

[23] Vgl. hierzu auch: BOLZ, H. R., 2013, S. 79 ff.

Aufmerksamkeit entziehen. Will man etwa das Auseinanderdriften der amerikanischen uns eurasischen Platte beobachten, dann böte sich hierfür der Ort Thingvellir in Island an. Um die Drift von durchschnittlich 15 mm/a tatsächlich zu beobachten, müsste man sich dort vergleichsweise lange aufhalten. So reduziert sich die Wahrnehmung der Dynamik der materiellen Evolution auf „Katastrophen“, wie Erdbeben, Vulkanausbrüche oder Erdrutsche und deren Folgewirkungen. Diese erschüttern jedoch nicht die Vorstellung der Menschen von einer im wesentlichen stabilen natürlichen Umgebung.

Verstärkt wird dieser Eindruck von der Beständigkeit der Natur durch die Beschleunigungsvorgänge in unserem täglichen Leben, die geforderte räumliche und mentale Mobilität sowie eine Dichte von Nachrichten und kommunizierten Ereignissen, die Menschen an den Rand ihrer geistigen Aufnahmefähigkeit führen. In Verbindung mit schwindenden Kenntnissen von und über die Natur geht das Bewusstsein darüber verloren, dass Natur sich ebenfalls in einem dynamischen Entwicklungsprozess befindet, ja dass Dynamik ein prägendes Merkmal von Natur ist. Daher ist auch der Begriff „Naturschutz“ dem Grunde nach ein Oxymoron. Der Wortteil „Schutz“ als statisches Element steht nämlich in direktem Widerspruch zur dynamischen Charakteristik der Natur.[24]

Den Gesamtzusammenhang betrachtend ist auch zu berücksichtigen, dass wir, nicht nur als Individuen, sondern auch als Menschheit, nur einen Bruchteil der uns umgebenden Arten-

---

[24] Vgl. hierzu: BUSCH, B., 207, S. 8.

und Beziehungsvielfalt kennen und uns damit ein wesentlicher Teil der natürlichen Dynamik und Abhängigkeiten noch verborgen ist.

Tabelle 1: Schätzung der globalen Artenvielfalt 1995[25]

Spezies	**Anzahl beschriebener Arten**	**Mittlere Schätzung der Anzahl lebender Arten**
Viren	4.000	400.000
Bakterien	4.000	1 000.000
Pilze	72.000	1 500.000
Einzeller	40.000	200.000
Algen	40.000	400.000
Pflanzen	270.000	320.000
Rundwürmer	25.000	400.000
Krebse	40.000	150.000
Spinnentiere	75.000	750.000
Insekten	950.000	8 000.000
Weichtiere	70.000	200.000

[25] BARATTA, M. v. (Hrsg.), 1999, Sp. 1283.

Wirbeltiere	45.000	50.000
Sonstige	115.000	250.000
Summe	**1.750.000**	**13.620.000**

Eine Folge der großen Artenzahl in Verbindung mit unserer geringen Artenkenntnis ist auch, dass unser Wissen über die Verflechtungen innerhalb des natürlichen Systems notgedrungener Weise ausgesprochen lückenhaft ist, weshalb Eingriffe in das natürliche System, ob nun nutzend oder bewahrend, mit einem zusätzlichen Risiko verbunden sind. Bemerkenswert ist in diesem Zusammenhang insbesondere die Tatsache, dass unsere Unkenntnis der Artenvielfalt vor allem ihren Schwerpunkt in dem Bereich hat, der für die natürlichen Kreisläufe eine herausragende Bedeutung hat wie z.B. Bakterien, Pilze und Würmer.

Vor diesem Hintergrund überrascht es nicht, dass sich uns Menschen das Ziel der unterstellten Nachhaltigen Entwicklung der Natur bisher nicht erschlossen hat. Im Gegenteil: Es ist fraglich, ob es überhaupt ein Ziel (Telos) der natürlichen Entwicklung gibt. Zumindest kann ausgeschlossen werden, und hier liegt ein signifikanter Unterschied zwischen der natürlichen und der kulturellen Evolution, dass erstere einem memetischen Kalkül folgt.

Eine Nachhaltigkeitsvermutung bei der genetischen Evolution könnte man allenfalls insofern anstellen, als es ihr über mehrere Milliarden Jahre hinweg gelang, DNA an nachfolgende

Generationen weiterzugeben. Dies azentral, also auf immer wieder nach graduellen und katastrophalen Artenverlusten neu entstandene Organismen verteilt. Dabei gingen im Verlauf der Lebensgeschichte ca. 98 % aller je hervorgebrachten Arten wieder unter. Wäre dies nicht der Fall gewesen, wäre die Tragfähigkeit der materiellen Ressourcen der Erde schon lange vor dem Auftreten des Menschen überschritten worden. Das Leben als solches wäre insofern nicht nachhaltig gewesen. Signifikant anders dagegen verhält sich der Mensch, der, zentral gesteuert, die Erhaltung seiner Art zu gewährleisten sucht.[26]

Weiterführend überschreitet die Beantwortung der Frage nach dem Ziel der natürlichen Entwicklung zumindest derzeit unsere kognitive Kompetenz. Daher können wir auch keinen Maßstab zur Beurteilung der Auswirkungen von anthropogenen Handlungsalternativen auf die Nachhaltige Entwicklung der Natur entwickeln. Jede menschliche Aktivität, auch die im Sinne einer Sicherung der Nachhaltigkeit gleich welchen Bezugs noch so gut gemeinte, ist mit Blick auf das unbekannte Telos der Natur beliebig. Im Grunde ist sie nichts anderes als der (untaugliche) Versuch, memetische Einstellungen und Erwartungen auf die genetische Evolution zu übertragen.

Dies dürfte jedoch aus der Perspektive der Natur nichts Außergewöhnliches sein. Jede Art, handele es sich dabei um pflanzliches, tierisches oder menschliches Leben, wirkt in ihre Umwelt hinein und verändert dort Lebensbedingungen. Dies galt schon, wie bereits erwähnt, für die Cyanobakterien, die etwa 2,7 Milliarden Jahre vor heute unter den Bedingungen einer sauerstofffreien Atmosphäre auftraten. Sie gewannen

---

[26] Vgl. hierzu: HABER, W. et al., 2016, S. 22 ff.,

mit Hilfe des Sonnenlichts sowie von Wasser und Kohlendioxid den für ihren Stoffwechsel entscheidenden Energieträger Wasserstoff. Bei diesem Prozess entstand freier Sauerstoff, der zunächst im Wege der Oxidation unmittelbar gebunden wurde. Die Erde rostete im wahrsten Sinne des Wortes. Ungefähr 2 Milliarden Jahre vor heute war das Oxidationspotenzial der Erde jedoch erschöpft, und es trat in der Atmosphäre erstmals freier Sauerstoff auf. Dieser führte durch entsprechende chemische Reaktionen zu einer Erhöhung des Kohlendioxidanteiles in der Luft zu Lasten des ebenfalls vorhandenen Methans. Da die Treibhauswirkung des Kohlendioxids um ein Vielfaches geringer ist als die des Methans, kühlte sich unser Planet spürbar ab. Die Voraussetzungen zum Eintritt von Eiszeiten waren geschaffen.

Alleine dieses Beispiel zeigt, wie wirkmächtig auch kleinste Lebewesen in das Ökosystem unseres Planeten eingreifen können. In jedem Falle aber werden solche Wirkungen als Folge der Vernetzung der Elemente des Globalsystems auf ihre Urheber zurückreflektiert, und zwar grundsätzlich mit komplementärer, neutraler oder konkurrierender Wirkung. Im letztgenannten Fall kann deren weitere Entwicklung gefährdet sein. Gelingt eine erfolgreiche Anpassung an die veränderten Bedingungen nicht, erlischt die Art, und andere wandern in die frei gewordene Nische ein. Dies dürfte ein Indiz dafür sein, dass sich natürliche Entwicklung nicht an der Entwicklung einer Art festmachen lässt. Auch daher kann die heute so vehement geforderte Erhaltung einer bestimmten Biodiversität nicht als wesentliches Element einer natürlichen Entwicklung begriffen werden. Dies vollkommen unabhängig von der zu recht umstrittenen Frage, welche Ausprägung der Biodiversität erhalten werden soll: Die heutige, die von vor etwa 250

Jahren, die vor der neolithischen Revolution, die eiszeitliche oder welche auch immer?[27]

Dass die Erhaltung einer gegebenen Biodiversität kein Merkmal der genetischen Evolution ist, zeigt auch der Verlauf der Erdgeschichte. So belegt ein Blick auf die letzten 250 Millionen Jahre, dass mehrfach, durchschnittlich in einem Abstand von ca. 26 Millionen Jahren, erhebliche Artenverluste zu beobachten waren. So gingen an der Schwelle von Kreidezeit zu Tertiär vor ungefähr 65 Millionen Jahren 65 - 70% der seinerzeit lebenden Arten unter. Unter Evolutionsbiologen wird daher zunehmend die These vertreten, dass die Evolution auf der Erde nicht kontinuierlich verlief, sondern eher in Form einer Folge von durch Meteoriteneinschläge verursachten Neuanfängen, jeweils von einer anderen Sprosse der Evolutionsleiter ausgehend.[28] Ursächlich für diese Kollisionen mit Himmelskörpern könnte sein, dass ein angenommener Sonnenbegleitstern mit einer Umlaufzeit von etwa 26 Millionen Jahren bei seiner dichtesten Annäherung an die Sonne die Bahn von Kometen außerhalb des Sonnensystems stört, so dass diese auf einen Weg abgelenkt werden, der die Erdbahn schneidet. Für diese Diskontinuität kann unabhängig von ihrer tatsächlichen Ursache kein menschlicher Einfluss verantwortlich gemacht werden. Sie belegt allerdings, dass selbst Artenverluste solch ungeheuren Ausmaßes Bestandteil der natürlichen Entwicklung sind. Insofern erscheint das Streben nach Erhaltung einer bestimmten Biodiversität und damit auch nach einem

---

[27] Vgl. hierzu die Beiträge in BAYERISCHE AKADEMIE DER WISSENSCHAFTEN, 1990.

[28] Vgl. hierzu u.a.: GRAEDEL, T. E., CRUTZEN, P. J., 1996, S. 84 f.

dauerhaften Überleben der dazu gehörigen Arten als rein memetischer Natur.

Für DAWKINS[29] stellen weder die Art, noch die Population oder das Individuum die Grundeinheit der natürlichen Evolution dar. In deren Zentrum sieht er vielmehr egoistische, potentiell unsterbliche Gene. Zunächst ungeschützt in der „Ursuppe“ unseres Planeten entstanden, haben sie sich mit immer perfekteren Hüllen (Überlebensmaschinen) umgeben, deren Gesamtzahl nicht zu überschauen ist. Dabei „springt“ das einzelne Gen von Körper zu Körper durch die Generationen, manipuliert Körper um Körper auf seine spezielle Art und verlässt einen sterblichen Körper nach dem anderen, bevor dieser in Altersschwäche und Tod versinkt. Mitunter gerät manches gute Gen in schlechte Gesellschaft und stellt fest, dass es den Körper mit einem letalen Gen teilt. Dann wird dieses Gen zusammen mit den übrigen zerstört. Doch dies ist nur ein Körper, und Kopien desselben guten Gens leben in anderen Körpern weiter, die das tödliche Gen nicht enthalten.

Eine andere Frage ist die nach dem Umgang der Natur mit ihren Ressourcen. Man kann feststellen, dass die Natur grundsätzlich alle sich ihr bietenden Potentiale nahezu verschwenderisch und ohne Beschränkung im Hinblick auf künftig denkbare negative Entwicklungen ausschöpft. So generiert sie etwa in einem lichten Kiefernbestand in der Phase des Generationenwechsels auf der Fläche von einem Hektar bis zu zehn Millionen Sämlinge, von denen weniger als 300, also ein verschwindend geringer Anteil, das Alter von 150 Jahren erreichen werden. Nicht zuletzt die mächtigen Erdölvorkommen sind ein weiterer Hinweis darauf, dass zumindest die Fauna

---

[29] DAWKINS, R., 1994, insb. S. 80 ff.

erhebliche Überschüsse (und damit verschwenderisch) produziert. Anders wären schließlich auch heterotrophe Lebewesen undenkbar.

Ähnlich verhält es sich im Beziehungsgefüge von Räuber und Beute. Hat die Beute gute Lebensbedingungen, die zu einer sogenannten Gradation (Übervermehrung) führen, dann folgt dieser Entwicklung mit einer gewissen Verzögerung die Populationsdichte der Räuber. Dies so lange, bis die Populationsentwicklung der Beute, aus welchen Gründen auch immer, meist nicht nur aus Gründen des Räuberdrucks, zusammenbricht und zeitlich versetzt den Niedergang der Räuberpopulation auslöst.

Die Beispiele zeigen, dass die Natur eben nicht im Hinblick auf denkbare künftige Entwicklungen Maß hält. Die genetische Evolution nutzt spontan die sich ihr bietenden Möglichkeiten, Gene neuen Körpern anzuvertrauen. Dabei sind erhebliche Verluste „einkalkuliert“.

Vor diesem Hintergrund kann man zusammenfassend festhalten, dass sich die belebte, nicht-menschliche Natur zweifellos bereits über sehr lange Zeiträume irgendwohin entwickelt. Sowohl der Algorithmus, so vorhanden, nach dem dies geschieht, als auch der Endpunkt dieser Entwicklung, liegen für uns zumindest derzeit im Verborgenen. Über lange Zeiträume betrachtet zielt diese Entwicklung jedoch offensichtlich nicht in erster Linie auf die Nachhaltige Entwicklung einzelner Arten ab, und damit natürlich auch nicht auf die des Menschen.

Memetische Evolution[30]

Die Menschen sind eine noch vergleichsweise junge Spezies[31], die sich in bemerkenswerter Weise gegenüber anderen Lebewesen durchgesetzt hat. Ihre Wurzeln liegen vermutlich in den tropischen Regenwäldern, die seit dem letzten katastrophalen Meteoriteneinschlag vor ca. 65 Millionen Jahren kontinuierlich, allerdings in unterschiedlich großer Ausdehnung, den modernen Säugetieren mit ihren reichen Früchten als Heimat zur Verfügung standen.

Die heutigen großen Menschenaffen – Orang-Utans, Gorillas, Schimpansen und Bonobos – differenzierten sich im Verlauf der letzten 15 Millionen Jahre. Vor ca. 6 Millionen Jahren trennten sich die Linien der Menschen und der Schimpansen. Die Vorfahren der Menschen überquerten vor ca. 5 Millionen Jahren die bedeutende ökologische Grenze zwischen dem tropischen Regenwald und dem sich durch klimatische Änderungen ausweitenden offenen Wald-/Savannenland. Hierdurch setzte eine rasche evolutionäre Entwicklung ein, bis schließlich vor etwa 2 Millionen Jahren eine Linie ihre Klettergewohnheiten ablegte und alsbald begann, Steinwerkzeuge zu formen und sich zunehmend auch von Fleisch zu ernähren. Verbunden mit dieser Entwicklung war ein erstaunliches Wachstum des Gehirns, das erst vor ca. 50.000 Jahren seinen Abschluss fand[32]. Die Geschwindigkeit, mit der sich die Menschheit in der Folge als die herrschende Spezies weltweit etabliert hat, ist in der langen Geschichte des Lebens ohne Beispiel. So gibt es Vorschläge, das Zeitalter ab 1750 n.Chr. als

---

[30] Text in Anlehnung an BOLZ, H. R., 2013, S. 37 ff.

[31] Vgl. hierzu: WRANGHAM, R., PETERSON, D., 2001 und HAWKING, ST., 2001, S. 177.

[32] Vgl. hierzu: ORNSTEIN, R., 1996, insb. S. 61 ff.

Anthropozän zu bezeichnen.[33] Daher liegt die Frage nahe, ob mit dem Menschen eine neue, weitere Form der Evolution aufgetreten ist.

Ein wirkmächtiger Replikator tritt auf – das Mem

Gemeinhin wird davon ausgegangen, dass die Entwicklung des Lebens auf unserem Planeten auf der Basis des Replikators Gen erfolgt. Dawkins[34] weist jedoch darauf hin, dass mit dem Menschen ein neuer aufgetreten ist, nämlich das Mem. Hierunter versteht er eine Einheit der Imitation oder der kulturellen Vererbung.

> „Ich meine, dass auf diesem unserem Planeten kürzlich eine neue Art von Replikator aufgetreten ist. Zwar ist er noch jung, treibt noch unbeholfen in seiner Ursuppe herum, aber er ruft bereits evolutionären Wandel hervor, und zwar mit einer Geschwindigkeit, die das gute alte Gen weit in den Schatten stellt.
>
> Das neue Urmeer ist die „Suppe" der menschlichen Kultur. Wir brauchen einen Namen für den neuen Replikator, ein Substantiv, das die Assoziation einer Einheit der kulturellen Vererbung vermittelt, oder eine Einheit der *Imitation*. Von einer entsprechenden griechischen Wurzel ließe sich das Wort „Mimem" ableiten, aber ich suche ein einsilbiges Wort, das ein wenig wie „Gen" klingt. Ich hoffe, meine klassisch gebildeten Freunde werden mir verzeihen, wenn ich Mimem zu *Mem* verkürze."

Wie Gene zu einem Genpool gehören und von Körper zu Körper springen, so sind Meme Elemente des Mempools und verbreiten sich von Gehirn zu Gehirn. Als Beispiel hierfür mag die berühmte Einstein'sche Formel $E = mc^2$ gelten. Bewährt sie sich, bleibt sie über Generationen hinweg präsent und wirksam. Würde sie widerlegt, verlöre sie sehr rasch an Wirksamkeit.

---

[33] CRUTZEN, P. J., 2002, S. 23 sowie HABER, W. in HABER, W. et al. (Hrsg.), 2016, S. 19 ff.

[34] DAWKINS, R., 1994, S. 308 ff. Vgl. kritisch hierzu: COEN, E., 2012, S.325.

Im Unterschied zur genetischen ist die auf die Wirkungen der Meme aufsetzende memetische Evolution nahezu ausschließlich menschlicher Natur[35]. Ebenfalls anders als die genetische ist sie nicht generationengetaktet. In Verbindung mit der zeitlich und räumlich hohen Mobilität der Meme vermag sie die Prüfung derer Tauglichkeit und Verbreitung ungleich schneller zu organisieren, als erstere die der Gene. Es liegt auf der Hand, dass die Wirkmächtigkeit eines Mems signifikant höher ist, als die eines Gens. Zweifellos hat ein Mem seinen Ursprung im Gehirn eines menschlichen Individuums. Als Folge der Sozialität des Menschen verbreitet es sich regelmäßig jedoch mit vergleichsweise sehr geringem zeitlichen Verzug in andere Gehirne. Einmal aufgetreten, müsste daher im Extremfall die gesamte Spezies Mensch untergehen, um ersteres wieder zu entfernen. Gerade letztere Überlegung legt im Übrigen nahe, die Wirkungen der memetischen Evolution auf der Ebene der Gesellschaft, und nicht etwa auf der des Individuums zu denken.[36]

Meilensteine der memetischen Evolution sind neben anderen insbesondere die

- Nutzbarmachung des Feuers bis hin zum atomaren Feuer
- Entwicklung einer Sprache
- Entwicklung der Landwirtschaft

---

[35] Es ist nicht auszuschließen, dass bei hochorganisierten Säugetieren ebenfalls Ansätze einer memetischen Evolution wirksam sind. Vgl. hierzu WRANGHAM, R., PETERSON, D., 2000, S. 311 ff. und LEAKEY, R., LEWIN, R., 2001, S. 301 ff.

[36] Vgl. hierzu SCHURZ, G., 2011, S. 249 ff.

- Erfindung der Schrift und in der Folge des Buchdrucks
- Einschränkung persönlicher Gewaltausübung
- Einführung des Geldes als allgemeines Tauschmittel
- Erfindung von Kraftmaschinen
- Erhöhung der Mobilität
- Erfindung der elektronischen Datenverarbeitung
- Gestaltung von Erbmaterial
- Entwicklung künstlicher Intelligenz
- Implementation biotechnischer Elemente in Lebewesen

Führt man sich die zeitliche Abfolge dieser Meilensteine der memetischen Evolution vor Augen, wird deutlich, dass diese sich zunehmend beschleunigt. Zum besseren Verständnis dieser atemberaubenden Entwicklung werden einige Meilensteine nachstehend etwas ausführlicher behandelt.

Meilensteine der memetischen Evolution in der Vergangenheit

In der Vergangenheit waren die Nutzbarmachung des Feuers, die Entfaltung der Sprache, die Entwicklung der Landwirtschaft, die Erfindung der Schrift, die Einschränkung persönlicher Gewaltanwendung sowie die Erfindung von Kraftmaschinen und damit in Verbindung auch die Erhöhung der menschlichen Mobilität von besonderer Bedeutung.

Feuer

Einen entscheidenden Impuls erhielt die menschliche Entwicklung durch die Zähmung des Feuers[37]. Dessen Auftreten

---

[37] Vgl. hierzu umfassend: GOUDSBLOM, J., 1995.

kann so weit zurückdatiert werden, wie die Geschichte der Vegetation. So ist der geologische Nachweis von Waldbränden so alt wie derjenige der Waldvegetation – ungefähr 350 Millionen Jahre. Zur Zeit des Auftretens der ersten Hominiden vor etwa 6 Millionen Jahren muss es daher schon regelmäßig Ausbrüche von Feuern auf der gesamten Landfläche der Erde gegeben haben. Diese wurden im Wesentlichen durch Blitze und Vulkanausbrüche verursacht. Insofern war Feuer für die Hominiden vermutlich nichts Ungewöhnliches. Möglicherweise zogen sie entgegen aus heutiger Sicht naheliegender Vermutungen sogar erhebliche Vorteile aus dem Feuer. Sie mussten es zwar als Naturereignis machtlos hinnehmen, die Folgen eines solchen Ereignisses waren jedoch nicht notwendigerweise ausschließlich negativ. So zog eine Brandfläche unmittelbar zahlreiche Tiere an: Beutegreifer, die fliehendes Wild schlugen, Aasfresser, welche die in den Flammen verendeten Tiere fraßen, aber auch Rotwild- und Rinderherden, welche nach dem Brand die salzige Asche zu sich nahmen. Möglicherweise lernte auch der eine oder andere Hominide quasi im Vorübergehen, dass erhitztes Fleisch anders – besser – schmeckt als rohes, verdaulicher ist und sich zudem auch länger hält.

Als weitere Folge verwandelten sich Waldgebiete nach Brandereignissen zumindest vorübergehend in offene Graslandschaften. Dies begünstigte die Populationsentwicklung von Weidetieren. Diese zu bejagen war leichter als die Jagd auf Tiere in geschlossenen Wäldern.

Irgendwann gelang den Hominiden dann der Übergang zum aktiven Gebrauch des Feuers. Zeitlich wird dieses Ereignis zwischen 1,5 und 0,5 Millionen Jahre vor heute, also deutlich vor dem Auftreten des Homo sapiens, eingeordnet. Wie diese Fähigkeit errungen wurde, ist für die Betrachtung im Rahmen dieser Arbeit unerheblich. Wichtig ist dagegen, dass sie es verstanden, den Gebrauch des Feuers zu monopolisieren, denn darin gründet wesentlich die sich ständig erweiternde Kluft zum Rest der belebten Natur. Alle anderen Arten blieben weit hinter den Hominiden bei deren Aufstieg zur ökologischen Vorherrschaft zurück.

Durch den gezielten Einsatz des Feuers bei der Jagd modellierten bereits die Hominiden ihre lokalen Lebensräume lange vor der Neolithischen Revolution. Dies nicht nur, indem sie das Feuer zum Einkesseln von Tieren oder zur Bekämpfung von Raubtieren etwa in deren Höhlen benutzten, sondern vielmehr und insbesondere durch die Begünstigung einer Flora, die gute Voraussetzungen für hohe Weidetierpopulationen schuf.

Heute glühen hinter dem Wohlstand der reichen Nationen gewaltige Feuer, größere Feuer als jemals zuvor in der Geschichte der Menschheit. Sei es in Öfen, Motoren oder Turbinen, wandeln sie Energie im Dienste des Menschen um. Ein Teil der Energieträger, nämlich Kohle, Öl und Gas, ist fossiler Natur. Dabei handelt es sich im Prinzip um gigantische Mengen gespeicherter Sonnenenergie. Die Kohlendioxidsenke, die mit der Einlagerung dieser Energiemengen entstand, wird derzeit durch die gewaltigen Umwandlungsprozesse der Menschheit rückgängig gemacht. Heute verbraucht sie in einem Jahr die Menge fossiler Energieträger, die auf natürlichem Weg binnen 500.000 Jahren entstand.[38] Die Folgen

---

[38] ALT, F., 2002, S. 131 f.

hiervon sind vielfältiger Art. Sie reichen von einer zu erwartenden Veränderung des Klimas bis hin zu auch bewaffneten Auseinandersetzungen um entsprechende Lagerstätten.

Mit der Nutzung der Atomkraft hat sich die Menschheit ein Instrument geschaffen, das eine Energieumwandlung unabhängig von der Sonne ermöglicht. Mit ihrer Nutzung sind jedoch zumindest potenziell Wirkungen verbunden, die kosmischen Katastrophen gleichgesetzt werden können. Die Menschheit ist nämlich grundsätzlich in der Lage, etwa durch den Einsatz von Atomwaffen, einen Großteil des Lebens auf diesem Planeten auszulöschen. Etwas, was bis dahin abiotischen Katastrophen, wie schweren Vulkanausbrüchen oder einer Kollision mit einem Himmelskörper vorbehalten war. Gerade dieses Beispiel zeigt, wie weit sich der Mensch von den Potenzialen der genetischen Evolution entfernt hat. Bemerkenswert ist, dass dieses Waffenarsenal nach dem Fall des Eisernen Vorhangs nicht vollständig aufgelöst wurde. Seine explizite Rechtfertigung durch unüberwindliche ideologische Differenzen zwischen den verschiedenen Machtblöcken ist in aller Stille dem Machtkalkül auch zur Sicherung des Zugangs zu endlichen Ressourcen gewichen.

Etwa ein Zehntel des Primärenergieverbrauchs in Deutschland wurde durch die Nutzung von Atomkraft zur Verfügung gestellt.[39] Damit einher geht die Notwendigkeit, strahlendes Material über lange Zeiträume sicher zu lagern. Gerade in Deutschland bezweifeln viele Menschen, dass hierbei die erforderliche Sicherheit gewährleistet werden kann und erhe-

[39] Als Folge der Energiewende nach dem Reaktorunglück von Fukushima im Jahre 2011 ist dieser Anteil rückläufig.

ben große Bedenken gegen diese Art der Energieumwandlung. Als Folge der Reaktorhavarie von Fukushima beschloss die Bundesregierung im Jahre 2011 den endgültigen Ausstieg aus der Nutzung der Atomenergie, womit jedoch das Lagerungsproblem der Rückstände noch keineswegs gelöst ist.

Die Wirkungen all' dieser Feuer durchdringen mit einem beachtlichen globalen Impakt alle menschlichen Lebensbereiche. Wie immer in der Geschichte der Menschheit sind es gezähmte, wohl behütete, eingesperrte Feuer an möglichst sicheren Orten. Daher laufen wir Gefahr, dass das Bewusstsein um diese Feuer und ihre Bedeutung für unser Wohlergehen verloren geht.

Sprache

Sprache ist zunächst die Fähigkeit, Gedanken und Gefühle durch Laute darzustellen, die von anderen Lebewesen wahrgenommen und interpretiert werden können. Sprachkompetenz trifft man im Wesentlichen bei Menschen an. Ihre Wurzeln reichen ca. 300.000 Jahre, also vor das Auftreten des modernen Menschen, zurück.[40] Es gibt jedoch Hinweise, dass hoch entwickelte Säugetiere ebenfalls in der Lage sind, sich auf ihre Weise „sprachlich" zu verständigen. So können etwa Schimpansen bis zu 200 Zeichen der amerikanischen Gebärdensprache lernen und sinnvoll damit kommunizieren.[41] In diesem Zusammenhang ist darauf hinzuweisen, dass das Erkennen tierischer Intelligenz auf der Basis vermittelter menschlicher Kommunikationstechnik erfolgt. Dies schließt nicht aus , dass hochentwickelte Tiere unabhängig davon über effektive Kommunikationsstrategien verfügen, die auf diese

---

[40] FOLEY, R. 2000, S. 143.
[41] SAGAN, C., 1977, S. 115 ff.

Weise nicht erkannt werden können. Insofern mag das derzeit geringe Urteil der Menschen über tierische Intelligenz auch menschlicher Hybris geschuldet sein.[42]

Es leuchtet unmittelbar ein, dass mit der Entwicklung der Sprache ein erheblicher Fortschritt in der Sicherung des Überlebens verbunden war. Es existiert nahezu kein menschliches Betätigungsfeld, dessen Gestaltung durch den Gebrauch der Sprache nicht erheblich erleichtert wurde. Insbesondere Aktivitäten von Gruppen, wie die Ausübung der Jagd, konnten durch deren Einsatz erheblich effizienter und effektiver gestaltet werden.

Ein weiterer Effizienzeffekt im Zusammenhang mit der Entfaltung der Sprache war deren Abbildung durch ein System von Zeichen und Verknüpfungsregeln, welches zu einer noch weiterreichenden Eindeutigkeit der Verständigung führte und den Zugriff Vieler, auch noch Ungeborener, auf Wissen wesentlich erleichterte.[43]

Entwicklung der Landwirtschaft

Von der Zähmung des Feuers an war es allenfalls eine Frage der Zeit, bis im Rahmen der neolithischen Revolution[44] der

---

[42] Vgl. hierzu WARWICK, K.,2000, S. 141 ff.

[43] Diese Aussage bezieht sich alleine auf die phylogenetische Bedeutung der Sprache in einem frühen Entwicklungsstadium des Menschen und klammert moderne Überlegungen zur Inkommensurabilität von Sprachspielen aus. Vgl. hierzu KIRSCH, W., 1992, S. 423 ff.

[44] CHILDE, V.G., 1970, S. 66 ff. Der Begriff wird heute kritisch gesehen, da der Übergang zur agrarisierten Ernährungsgrundlage etwa 5000 Jahre, und damit im Vergleich zu revolutionären Umbrüchen lange Zeit in Anspruch nahm.

Schritt zur Agrarisierung gelang. Damit griff der Mensch äußerst wirksam in die natürliche Biodiversität ein. Auf dem Gebiet des Ackerbaus dominierten fortan insbesondere sieben Getreidearten, nämlich Reis, Weizen, Mais, Hirse, Roggen, Hafer und Gerste. Diese werden bis heute in großen Monokulturen angebaut und stellen eine wesentliche, aber nicht (immer) hinreichende Ernährungsgrundlage der Menschheit dar. So traten häufig als Folge von Missernten große Hungersnöte auf, und auch heute hungern noch viele Menschen. Auf dem Gebiet der Viehzucht erfolgte ebenfalls eine Beschränkung auf wenige Arten wie Schafe, Ziegen, Rinder und Geflügel. Die Wirkungen des Übergangs zur Agrargesellschaft sind durchaus mit denen der industriellen Revolution vergleichbar und können kaum überschätzt werden. Sie haben in weiten Teilen des Planeten Flora und Fauna in eine Symbiose mit dem Menschen gezwungen.[45] Darüber hinaus ging diese Entwicklung zu Lasten der Waldfläche. So wurden seit der neolithischen Revolution 70 % der Urwälder gerodet.[46] Dieser Prozess hält auch heute noch, insbesondere in Südamerika, an. Auch die verbliebenen Wälder unterlagen und unterliegen einem erheblichen menschlichen Einfluss. Sie wurden und werden zur Befriedigung menschlicher Bedürfnisse in erheblichem Umfang modelliert.[47]

In den Agrargesellschaften entwickelten sich recht bald besondere, vom sinnvollen Gebrauch des Feuers abhängige, handwerkliche Fähigkeiten. Von herausragender Bedeutung war zunächst die Töpferei, denn sie ermöglichte die Herstellung von Vorratsgefäßen, in denen Nahrung hygienischer und

---

[45] Vgl. hierzu HABER, W., 2010, insb. S. 57.
[46] SCHURZ, G., 2011, S. 61.
[47] Vgl. hierzu PEARCE, F., 2016, S. 197 ff.

dauerhafter aufbewahrt werden konnte als zuvor. Hinzu gesellte sich die Metallverarbeitung, welche die Herstellung von Gebrauchsgegenständen der unterschiedlichsten Art, aber auch von wirksameren Waffen, ermöglichte.

Mit Blick auf das heutige Spannungsverhältnis zwischen Mensch und Natur kann hier demnach durchaus festgestellt werden, dass bereits die Hominiden, ebenso wie der frühe Homo sapiens seit ca. 40.000 Jahren, in erheblichem Umfang ins natürliche Beziehungsgefüge eingegriffen haben. Dieser Eingriff wirkte sich sowohl auf die Struktur und Chemie der Böden als auch die Zusammensetzung von Flora und Fauna aus. Gleich wie man dies bewerten mag, diese Veränderungen sind keineswegs ausschließlich ein Kennzeichen der Gegenwart. Sie waren vielmehr schon in der Kinderstube der Menschheit Folgewirkungen derer Existenz. Damals (und bis heute) bildeten diese Eingriffe die Grundlage für das Überleben und ermöglichten die beachtliche Entwicklung unserer Vorfahren bis zum heutigen Tag.

Erfindung der Schrift

Ein weiterer entscheidender Schritt in der Entwicklung der Menschheit war die Erfindung der Schrift im späten 4. Jahrtausend v. Chr.[48] Über ihre Bedeutung und Auswirkungen erfahren wir durch einen (fiktiven) Dialog zwischen der Gottheit Theuth, welche u.a. die Buchstaben erfunden haben soll, und dem ägyptischen König Thamus:

> „O kunstreicher Theuth, ein anderer ist fähig, die Werkzeuge der Kunst zu erzeugen, ein anderer wieder zu beurteilen, welches Los von Schaden und Nutzen sie denen erteilen, die sie gebrauchen werden. Auch du sagtest jetzt als Vater der Buchstaben aus Zuneigung genau das Gegenteil dessen, was sie bewirken. Denn

[48] ROBINSON, A., 2004, S. 11 ff.

> wer dies lernt, dem pflanzt es durch Vernachlässigung des Gedächtnisses Vergeßlichkeit in die Seele, weil er im Vertrauen auf die Schrift von außen her durch fremde Zeichen, nicht von innen her aus sich selbst die Erinnerung schöpft. Nicht also für das Gedächtnis, sondern für das Erinnern erfandest du ein Mittel. Von der Weisheit aber verleihst du deinen Schülern nur den Schein, nicht die Wahrheit. Denn wenn sie vieles von dir ohne Unterricht gehört haben, so dünken sie sich auch Vielwisser zu sein, da sie doch größtenteils Nichtwisser sind, und sie sind lästig im Umgang, da sie statt Weise Dünkelweise geworden sind." [49]

Die Einlassungen des Thamus verdeutlichen auf eindrucksvolle Weise den signifikanten Wandel im Erwerb und der Verbreitung von Wissen durch die Einführung der Schrift.

Mit der Erfindung des Buchdrucks durch Johannes Gutenberg um 1450 n. Chr. wurden die Voraussetzungen für eine beträchtliche Erhöhung der Effizienz der Verbreitung vorhandenen Wissens geschaffen. Ein weiterer Quantensprung fand mit dem Siegeszug der auf der elektronischen Datenverarbeitung basierenden Informations- und Kommunikationstechnik unserer Tage statt. So ist heute grundsätzlich Jedermann via Internet ein beachtlicher Teil des kollektiven Wissens der Menschheit ohne Weiteres zugänglich. Dabei ist allerdings zu berücksichtigen, dass es sich hierbei häufig um Sekundärwissen handelt, das einer kritischen Reflexion und hierauf aufbauend der Erarbeitung weiterführenden Primärwissens bedarf, will man nicht auf einem höheren Niveau der „Dünkelweisheit" verharren.

Unabhängig hiervon wurden globale Kommunikation und weltweite Arbeitsteilung durch den Einsatz der elektronischen Datenverarbeitung erheblich erleichtert. Nicht zu unterschätzen ist dabei die Wirkung der modernen Medien auf die Vielfalt der Sprachenlandschaft. Mit dem diesen unterliegenden

---

[49] PLATON, 1957, S. 82.

binären System als gemeinsamem Nenner geben sie einen prägenden Impuls zur weltweiten Vereinheitlichung der Kommunikationsbasis. Die Vielfalt der Sprachen wird dadurch drastisch reduziert werden.[50]

Gewaltmonopol

Ein ebenfalls entscheidender Schritt in der Entwicklung der Menschheit war die Bändigung von Gewaltausbrüchen. Der alttestamentarische Imperativ „Auge um Auge, Zahn um Zahn" bedeutet, aus dem Kontext der Zeit heraus verstanden, nicht etwa eine Aufforderung zu ungezügelter Vergeltung, sondern im Gegenteil zu deren Begrenzung auf das Maß des selbst erfahrenen Unrechts. Die christliche Religion gebietet ihren Anhängern, ihre Feinde zu lieben wie sich selbst und führt damit das Konzept der Deeskalation ein.

Im weltlichen Bereich etablierten die Staaten ein Gewaltmonopol gepaart mit der Entwicklung hoheitlicher, streitschlichtender Instanzen. Dies trug erheblich zur innerstaatlichen Befriedung bei und ermöglichte als Grundvoraussetzung eine positive gesellschaftliche Entwicklung.

Auf zwischenstaatlicher Ebene ist dagegen noch kein wirksames Gewaltmonopol organisiert. Zwar steht mit der Organisation der Vereinten Nationen (UNO) eine Institution zur Einschränkung von gewaltsamen Auseinandersetzungen zwischen Staaten zur Verfügung. Ihre Wirksamkeit wird jedoch in der Praxis durch die Interessen dominierender Staaten häufig spürbar eingeschränkt.

---

[50] Vgl. hierzu MAUELSHAGEN, F., in HABER, W. et al. (Hrsg.), 2016, S. 19 ff.

Kraftmaschinen und die Erhöhung der menschlichen Mobilität
Ein besonderes Anliegen der Menschen war es seit jeher, sich Wirkmöglichkeiten jenseits ihrer körperlichen Begrenzungen zu schaffen und dadurch das Maß ihrer persönlichen, vor allem physischen Anstrengung zur Gestaltung ihres Lebens zu senken. Erste Erfolge stellten sich mit der Nutzung geeigneter Tiere wie Hunde, Esel, Pferd, Kamel, Dromedar und Elefanten ein. Mit deren Hilfe konnten zahlreiche Arbeiten erleichtert und darüber hinaus ein beachtliches Maß an Mobilität gewonnen werden. Allerdings musste hierfür entsprechende, aus der Sicht des Menschen extrasomatische, Energie in Form von Nahrungsmitteln für diese Tiere zur Verfügung gestellt werden, was wiederum die Versorgung der Menschen mit Nahrung unmittelbar berührte. Mensch und Tier ernähren sich vom gleichen Acker.

Eine kaum zu überschätzende Errungenschaft stellte in der „Alten Welt“ die Erfindung des Rades dar, mittels dessen auch große Nutzlasten effizient und effektiv bewegt werden konnten. Bemerkenswert ist in diesem Zusammenhang die Vielfalt der konstruktiven Möglichkeiten, die das Rad jenseits seiner Eigenschaft als zentrales Element der Fortbewegungsmittel eröffnet hat.

Eine besonders stürmische Entwicklung leitete die Erfindung der Dampfmaschine, später der Otto-, Diesel- und Elektromotoren ein. Sie waren und sind es bis heute, auf deren Einsatz unser Wohlstand und unsere Mobilität fußen. Durch solche Kraftmaschinen wird heute insbesondere unter Rückgriff auf fossile Energieträger ein Vielfaches der menschlichen Leistungsfähigkeit zusätzlich zur Verfügung gestellt. Beredtes Zeugnis hierfür ist der enorme Energieeinsatz, der heute pro

Person zusätzlich zur individuellen Leistungsfähigkeit eingebracht wird.

Besondere Bedeutung hatte in diesem Zusammenhang die Motorisierung der Schifffahrt, die diese von den Zufälligkeiten der Windkraft befreite und damit den Grundstein für einen zuverlässigen, interkontinentalen Personen- und Güterverkehr legte.

Eine weitere signifikante Erhöhung menschlicher Mobilität gelang durch die Erschließung des Luftraums. Mit Flugzeugen konnten wesentlich höhere Reisegeschwindigkeiten erzielt werden, als mit land- oder wassergebundenen Fahrzeugen. In den vergangenen Jahrzehnten verzeichnete die Luftfahrt hohe Zuwachsraten sowohl im Personen- als auch und insbesondere im Frachtverkehr.

Weniger spektakulär, aber ebenfalls von großer Tragweite, ist die Erschließung der Unterwasserwelt, deren Bedeutung insbesondere mit der Ausbeutung submariner Lagerstätten von Rohstoffen und Energieträgern anhalten wird.

Erst in Ansätzen, aber durchaus wahrnehmbar verwirklicht ist der Aufbruch der Menschheit in das Universum. Seit am 12.04.1961 mit Juri Alexejewitsch Gagarin der erste Mensch erfolgreich im Weltraum war, wurde eine Vielzahl von künstlichen Himmelskörpern einschließlich zweier Weltraumstationen jenseits der irdischen Atmosphäre etabliert. Mit den Flügen zum Mond hat die menschliche Mobilität ein erstes extraterrestrisches Ziel erreicht. Damit ist zwar noch nicht der Aufbruch in den Weltraum eingeleitet, doch das Problem, sich außerhalb der irdischen Biosphäre in einer nahezu völlig artifiziellen Sphäre zu bewegen, ist damit grundsätzlich gelöst.

Bevölkerungsentwicklung
Auf der Basis dieser Schlüsselerrungenschaften nahm die Menschheit eine atemberaubende Entwicklung. Ihre Dynamik kann aus der Perspektive eines 1960 geborenen Menschen eindrucksvoll verdeutlicht werden: So dauerte es vom Auftreten des ersten Menschen bis zu seiner Geburt, bis drei Milliarden Menschen gleichzeitig die Erde bevölkerten. Bis zur Verdoppelung dieser Bevölkerungszahl vergingen dagegen nur noch 39 Jahre, denn im Jahre 1999 bevölkerten schließlich 6 Milliarden Menschen die Erde.

Trotz weltweit inzwischen sinkender Geburtenzahlen wird die Weltbevölkerung auch in den nächsten Jahren weiterhin um ca. 1,35% oder 80 Millionen Menschen je Jahr anwachsen, was etwa der Einwohnerzahl der Bundesrepublik Deutschland entspricht.

Tabelle 2: Entwicklung der Weltbevölkerung 1804 bis 1999[51]

Jahr	**Weltbevölkerung in Milliarden Menschen**	**Eine Milliarde mehr nach n Jahren**
1804	1	seit dem Auftreten des ersten Menschen
1927	2	123
1960	3	33

[51] Nach BARATTA, M. v. (Hrsg.), 1999, Sp. 1292 ff. Die Angabe für 2011 wurde vom Autor ergänzt.

1974	4	14
1987	5	13
1999	6	12
2011	7	12

Bevölkerungswachstum trifft jedoch nicht für alle Staaten gleichermaßen zu. So stagniert in zahlreichen Ländern der nördlichen Hemisphäre, die auf dem Weg der memetischen Evolution bereits weit fortgeschritten sind, die Bevölkerungsentwicklung oder sie ist sogar rückläufig, während sie andernorts noch erhebliche Zuwachsraten verzeichnet.

Die Organisation der Vereinten Nationen geht davon aus, dass die Fertilitätsrate weltweit erst bis zum Jahre 2050 unter das Ersatzniveau von 2,1 Kinder je Frau sinken wird.[52]

Diese enorme Bevölkerungsentwicklung potenziert sich in ihren Wirkungen auf das natürliche Umsystem durch den gigantischen Energieeinsatz, mittels dessen die Menschheit heute ihre Bedürfnisse befriedigt. So beutete in den 90er Jahren des vergangenen Jahrhunderts ein Erdenbewohner durchschnittlich etwa 20 „Energiesklaven" aus, indem er fiktiv tagtäglich das Energieäquivalent von 20 Menschen, die 24 Stunden für ihn arbeiteten, in Anspruch nahm.[53] Bezogen auf die Wirkungen, die vom Menschen auf die Natur ausgehen, bedeutet dies, dass wir uns mit denen von 140 Milliarden Menschenäquivalenten, und nicht mit denen von sieben Milliarden

[52] BARATTA, M. v. (Hrsg.), 1999, Sp. 1347 ff.
[53] McNEILL, J. R., 2003, S. 30.

Menschen auseinander setzen müssen. Dabei ist die Tendenz dieser Wirkungen wegen des nach wie vor anhaltenden Bevölkerungs- und Wohlstandswachstums vor allem in den Schwellenländern China, Indien und Brasilien stark steigend. Inzwischen ist zu befürchten, dass neben inner- und zwischenstaatlichen Konflikten insbesondere um Ressourcen der Reflex dieser Wirkungen zu einer ernsthaften Bedrohung, wenn nicht sogar zum Verlust der menschlichen Zivilisation führen könnte. Mit dem wachsenden Bewusstsein um diese Zusammenhänge wurde die Frage nach einer Nachhaltigen Entwicklung, nach einem „Sustainable Development", für die menschlichen Gesellschaften erstmals 1992 in Rio de Janeiro weltöffentlich gestellt.

Meilensteine der memetischen Evolution an der Schwelle zur Zukunft

An der Schwelle zur Zukunft sind die biotechnische Ergänzung des Menschen, dessen genetische Modellierung und die Entwicklung teilautonomer Agenten von besonderer Bedeutung.

Biotechnische Ergänzung des Menschen

Nach BÖHRET[54] enthält das biotronische Szenario u.a. folgende Entwicklungsfelder:

> „- Neuro-Prothesen werden Seh-, Hör- und Gehbehinderungen minimieren. Im Grunde sind wir ja schon längst ‚hybride Lebewesen' (von der künstlichen Hüfte über Herzschrittmacher zu transplantierten inneren Organen).
>
> - Deshalb sind dann Bio-Chips und Bio-Speicher nur Fortsetzungen auf neuer stofflicher Basis. Mit deren Hilfe könnten Kenntnisse (wie Verkehrsregeln) und Fertigkeiten einfacher Art (wie von ‚Gebrauchsanweisungen') direkt in Personen übertragen

---

[54] BÖHRET, C., 2005, S. 18.

> und von denen abgerufen werden. Implantierte Biochips und Biospeicher dürften die bedarfsgesteuerte medikamentöse Selbstversorgung übernehmen, indem z.B. genau dosierte Botenstoffe zum richtigen Zeitpunkt an die richtigen Stellen des Körpers gelangen. Es ist einleuchtend, dass Missbrauch betrieben werden kann, weshalb elektronische Zugangs- und Kontrolltechniken vonnöten sind (e-Governance II)."

Darüber hinaus erfolgt bereits derzeit nach der Erweiterung der genetisch in den Erbanlagen gespeicherten Informationen durch die Kognitionseinheiten im menschlichen Gehirn mit der Auslagerung von jederzeit und leicht verfügbaren Informationen in künstliche Speicher eine erneute Erweiterung des Menschen zur Verfügung stehenden Informationsspeichers. Während auf die dort abgelegten Informationen heute „offline" zugegriffen wird, könnte dies sich in Zukunft ändern. „Es steht zu erwarten, dass Seh- und Höreindrücke elektronisch in den Leitungsbahnen des Gehirns erzeugt werden können: eine verkabelte Cyberwelt, die nicht nur das Illusionstheater vervollkommnen wird, das heute noch mit Videospielen und Walkmans auskommen muss, sondern auch Blinden und Gehörlosen die Teilnahme an der Sinnenwelt ermöglichen würde.", so REICH bereits 2003. Dahinter verbirgt sich die Frage, nicht ob, sondern wann Kohlenstoff und Silizium eine Verbindung eingehen werden.[55]

Ein „strange attractor" im Sinne der deterministischen Chaostheorie könnte die Kopie einer menschlichen Entität auf digitaler Basis sein, wie S. GREENFIELD befürchtet: „Might we end up with the digital equivalent of an individual human mind,

---

[55] Vgl. hierzu auch: GREENFIELD, S., 2004, S. 44 und 82 ff.

disembodied entirely from all messy biology, that created it?"[56]

Gentechnische Modellierung

Mit der Gentechnik entsteht die Möglichkeit, wirkungsvoll in die Baupläne des Lebens, repräsentiert durch die jeweilige DNA, einzugreifen. Dies ist grundsätzlich nichts Neues. Seit der Neolithischen Revolution begünstigt der Mensch durch Zucht solche Pflanzen und Tiere, die seiner Bedürfnisbefriedigung besser als andere Rechnung tragen. Neu ist, dass sich die moderne grüne Gentechnik von der biologisch-genetischen Charakteristik der Variation befreien und damit die Quantität und Qualität der Genmodellierung signifikant steigern kann.

Angesichts der Komplexität der Ökosysteme ist es notwendig, den Impakt solcher Eingriffe so genau wie möglich auszuleuchten. Unbeabsichtigte Folgen sollten nach Möglichkeit ausgeschlossen werden. Während die grüne Gentechnik (Landwirtschaft) außerhalb Europas durchaus auf Akzeptanz stößt, begegnet sie hier und insbesondere in Deutschland erheblichen Vorbehalten. Wenn man bedenkt, dass auch heute noch große Teile der Menschheit hungern, sollte man diese Haltung grundsätzlich überdenken. Die genetische Modellierung der Ernährungsgrundlage der Menschheit ist zwangsläufig Bestandteil der memetischen Evolution.

Während die grüne Gentechnik, wie oben ausgeführt, erheblichen Vorbehalten begegnet, hat die rote im medizinischen Bereich ohne besonderes öffentliches Aufhebens Einzug gehalten und Akzeptanz erfahren. Die damit einhergehenden

---

[56] GREENFIELD, S. 2004, S. 71.

ethischen Fragen werden verantwortungsvoll in den entsprechenden Gremien der Legislative und Exekutive, behandelt und bei gegebenen Anlässen durch die Judikative überprüft.

Mit dem Genengineering entsteht nicht zuletzt die Möglichkeit, den Menschen als solchen sowie sein Wesen nach dezidiert artifiziellen Mechanismen zu gestalten.[57] DREWERMANN äußert in diesem Zusammenhang: „Wenn wir uns vorstellen, dass wir überhaupt erst seit 1952 wissen, dass es so etwas gibt wie DNA-Stränge, und wenn wir bedenken, was wir in den letzten fünf Jahrzehnten daraus entwickelt haben, und dass die Entwicklung der Gentechnik mit noch immer größerer Geschwindigkeit so weiter gehen wird, dann wird es unvorstellbar, was wir in Jahrhunderten und Jahrtausenden alles werden machen können. Dass wir theoretisch irgendwann die Möglichkeit haben, den Menschen nochmal ganz neu zu formen, steht außer Zweifel.“[58]

Inzwischen zeichnet sich tatsächlich ab, dass der Mensch sich technisch wie rechtlich in die Lage versetzt, sein Erbgut zur Vermeidung genetisch bedingter Krankheiten, zur Entwicklung besonderer körperlicher Merkmale oder geistiger Attribute etc. zu modellieren.

Teilautonome Agenten

Aus der Industrie kennt man schon lange Roboter, die bestimmte produktive Tätigkeiten mit größter Präzision durchführen. Gleiches gilt in gefährlichen Situationen, z.B. bei der Entschärfung eines Sprengkörpers, wenn von diesem ein zu hohes Risiko für menschliche Akteure ausgeht. Auch im Bereich der Medizin werden zunehmend Roboter eingesetzt.

[57] REICH, J., 2003, S. 8.
[58] DREWERMANN, E., 2009, S. 166.

Derzeit erfolgen große Anstrengungen, im Bereich der Pflege solche Geräte zu nutzen. Im letztgenannten Fall gehen die Bemühungen auch dahin, sinnvolle Dialoge zwischen Mensch und Maschine zu ermöglichen.

Alles dies sind Vorstufen zu teilautonomen Agenten. Unter solchen werden hier künstlich hergestellte Akteure verstanden, die

- zumindest teilautonom Problemlagen erkennen können,
- alternative Lösungsstrategien hierfür erarbeiten,
- unter Risikoabwägung entscheiden,
- die getroffenen Entscheidungen umsetzen und
- deren Erfolg, dabei lernend, beurteilen

können.

Unterschiedliche Geschwindigkeiten der memetischen Evolution

Die memetische Evolution verläuft in den verschiedenen Regionen der Erde mit unterschiedlicher Geschwindigkeit. So existieren neben indigenen Völkern im Amazonasgebiet, die in steinzeitähnlichen Strukturen leben, hochmoderne Gesellschaften, wie die der Vereinigten Staaten von Amerika. Die Ursachen für diese auseinanderklaffende Entwicklung sind äußerst komplex.[59] Es kann jedoch davon ausgegangen werden, dass mit der weiteren Durchdringung der Menschheit

---

[59] Vgl. hierzu: DIAMOND, J., 2006.

mit den Wirkungen der memetischen Evolution diese Differenzen zurückgeführt werden. Dies insbesondere deshalb, weil ungünstigere natürliche Rahmenbedingungen durch die Wirkungen der memetischen Evolution ausgeglichen werden können.

Das Mem – Triebkraft der Nachhaltigen Entwicklung

Zuvor wurde bereits ausgeführt, dass die belebte-nicht-menschliche Natur hinsichtlich einer Arterhaltung nicht „nachhaltig" ist. Wofür steht vor diesem Hintergrund der Begriff „Nachhaltigkeit"? Dieser Frage wird im Folgenden nachgegangen.

Nachhaltigkeit – eine anthropogene und anthropozentrische Leitidee

Im Gegensatz zur belebten, nicht-menschlichen Natur ist der Mensch als Folge der Wirkungen der memetischen Evolution in der Lage, seine Umgebung so zu gestalten, dass sie hinreichende Voraussetzungen für seine Nachhaltige Entwicklung bietet. Insofern verhält er sich zumindest auf dem Niveau einer fortgeschrittenen memetischen Evolution signifikant anders, als die infolge ihrer Invasivität in sich anbietende Lebensräume einwandernde belebte, nicht-menschliche Natur. Dies wird insbesondere in modernen, auf hohem memetischen Niveau etablierten Gesellschaften deutlich, in denen die (das Erbe der biologisch-genetischen Evolution repräsentierende) Reproduktionsrate drastisch zurückgeht.

Der Begriff „Nachhaltigkeit" braucht also einen Bezug, andernfalls ist er beliebig. Folgerichtig durchdacht kann er sich nur auf die Entwicklung der menschlichen Gesellschaft beziehen. Allein diese kann „nachhaltig" sein. Als Begründung hierfür kann man anführen, dass lediglich die Menschen in der

Lage sind, die stetige Entwicklung ihrer Spezies auch jenseits ihrer körperlichen Begrenzungen und gegen die natürliche Dynamik zu organisieren. Der Motivation, dies zu tun, hinterliegt ihr Streben nach Erkenntnis ihres Daseinsgrundes, welches bisher nicht ausselektiert wurde. Da diese absolute Erkenntnis in der Komplexität des Kosmos verborgen ist, kann davon ausgegangen werden, dass es langer Zeiträume bedarf, um diese zu erschließen – und dies setzt eben wenigstens eine Nachhaltige Entwicklung der Menschheit voraus. Insofern wird hier Nachhaltige Entwicklung als ein deontologisch-anthropozentrischer Ansatz interpretiert.

Daneben gibt es natürlich auch näher liegende Beweggründe, eine Nachhaltige Entwicklung zu organisieren und sei es nur die Hoffnung auf ein glückliches, langwährendes Leben.

Eine Reintegration des Menschen in die sogenannten „natürlichen Kreisläufe“ hat dagegen nichts mit dem Gedanken der Nachhaltigen Entwicklung gemein. Die Gesetzmäßigkeiten der biologisch-genetischen Evolution sind uns insbesondere hinsichtlich eines etwaigen Zieles derselben unzugänglich. Offensichtlich ist, dass sich Leben als solches auch nach dramatischen Katastrophen immer wieder neu definiert. Anders als beim Menschen ist die nicht-menschliche Natur nur in geringem Maße in der Lage, ihre Lebensumstände zu modellieren. Diese Fähigkeit verdankt der Mensch der ihn zunehmend kennzeichnenden memetischen Evolution, qua derer er sich beachtliche Fähigkeiten und Kenntnisse jenseits seiner körperlichen Begrenzungen erschlossen hat und weiterhin wirkmächtig erschließt. Diese gestatten ihm, insbesondere um den Preis eines enormen extrasomatischen Energieeinsatzes, seine Umwelt so zu prägen, dass diese Grundlage für seine Nachhaltige Entwicklung sein kann. Nicht umsonst wird unser

Zeitalter, wenn auch nicht unumstritten, heute als Anthropzän bezeichnet. Nachhaltigkeit ist demnach auch aus dieser Perspektive eine anthropogene Idee und wirkt anthropozentrisch.

Die Rolle des Staates

Abgesehen von wenigen Tierarten wie staatenbildenden Insekten ist es dem Menschen vorbehalten, überindividuelle Herrschaftssysteme zu entwickeln. Sie sind Ausdruck der Wirkungen der mementischen Evolution und entwickeln mit deren Fortschreiten zunehmend partizipative Strukturen. Dabei stellt sich grundsätzlich die Frage nach der Rolle des Staates in Abgrenzung zur Gesellschaft und deren Individuen. Unterstellt man als wesentliche Aufgabe des Staates die subsidiär wirksame Gewährleistung der Nachhaltigen Entwicklung der Menschheit, dann wird das Herrschaftssystem dort tätig, wo es die größeren Grenzerträge für die Nachhaltige Entwicklung der Gesellschaft generieren kann.[60] Dass dies in einem modernen Staat mit Blick auf die Machterhaltung der politischen Akteure nicht immer leicht ist, reicht als Begründung für diesbezügliche Defizite nicht aus. Daher ist es heute erforderlich, neu über die Bedeutung des Staates nachzudenken. Dabei scheint eine systematische Trennung der Verantwortung für die Gewährleistung der Nachhaltigen Entwicklung zwischen Staat und Gesellschaft zwingend erforderlich. Die Verantwortung der Gesellschaft kann durch eine wirksame Deregulierung überall dort erleichtert werden, wo sie Nachhaltigkeit in eigener Kompetenz hinreichend organisiert. Die hierzu erforderlichen Akteure gibt es in der Bundesrepublik Deutschland. Dort wo dies nicht der Fall ist, muss der Staat subsidiär ge-

---

[60] Vgl. hierzu: BOLZ, H. R., 2013, S. 215 ff.

währleistend wirksam werden, wobei bürgerschaftliches Engagement in diesen Fällen, und nur in diesen, auf den Beitrag zur Legitimierung der Staatsorgane insbesondere durch Wahlen beschränkt bleibt.

Transmemetische Evolution

Ein Blick in die Erdgeschichte zeigt, dass sich neue Formen der Evolution aus der/den etablierten entwickeln. So emergierte die genetische Evolution aus der materiellen, indem ein Molekül die Eigenschaft erwarb, sich verdoppeln zu können. Dies begründete eine signifikant andere Art von Entwicklung, wie sie vormals gegeben war. Gleiches gilt für die memetische Evolution, die wiederum aus der genetischen emergierte.

Hier wird nunmehr die Auffassung vertreten, dass in nicht allzu ferner Zukunft aus dem Wirkungsbereich der memetischen Evolution der Träger einer weiteren Evolution, nämlich der transmemetischen, auftreten wird. Seine Einheit wird hier als Tem bezeichnet, was für trans-Mem steht. „Heimat" des Tems sind komplexe elektronische Informationssysteme.

Auf der Basis memetischen Bewusstseins startend wird das Tem Wahrnehmungsräume erschließen, die menschlichem Zugang zunehmend verborgen sein werden.

In diesem Zusammenhang kann vor dem Hintergrund der zu erwartenden Vernetzung auch nicht ausgeschlossen werden, dass etwa aus teilautonomen autonome Agenten werden. So äußert S. GREENFIELD: „Common-or-garden human-sized machines might also soon be able to self-assemble, and, more importantly, to think autonomously. ... Once the first powerful machine, with an intelligence similar of that of a human, is switched on, we will most likely not get the opportunity to switch it back off again."[61]

[61] Vgl. hierzu: GREENFIELD, S., 2003, S. 6.

Der Reigen der Evolutionen

Schon bei der Behandlung der verschiedenen Evolutionen wurde deutlich, wie schwierig es ist, diese jeweils in sich geschlossen und ohne die Wechselwirkungen mit anderen zu betrachten. Diese Wechselwirkungen stehen nun im Mittelpunkt der nachstehenden Betrachtungen.

Materielle und genetische Evolution

Zumindest auf die Existenz der Erde bezogen begannen die Wechselwirkungen zwischen der materiellen und der genetischen Evolution schon recht früh. Damit entstand die Biosphäre, also derjenige Teil der Erde, der Lebewesen beherbergt. Er umfasst die Erdoberfläche, die Atmosphäre, die Ozeane und die äußere Erdkruste.

Erste Lebewesen in den Tiefen der Ozeane werden bereits ca. 500 Millionen Jahre nach der Entstehung der Erde vermutet. Die Entwicklung dieser Lebewesen schritt sehr langsam voran.

Eine bedeutende Rückwirkung auf die materielle Evolution setzte mit den Aktivitäten der Cyanobakterien[62] ein. Sie waren wohl die ersten fototrophen, Sauerstoff freisetzenden Organismen der Erde, waren für die Umwandlung der ursprünglich anoxischen in eine oxische Erdatmosphäre verantwortlich und schufen damit die Voraussetzungen für das heute auf der Basis des Kohlenstoffkreislaufes herrschende Leben. Die Zusammensetzung der Erdatmosphäre ist seither weit vom chemischen Gleichgewicht entfernt. Ohne die biologischen Aktivitäten wäre der Sauerstoffgehalt der Atmosphäre marginal.

[62] Vgl. hierzu die Ausführungen auf S. 33 f.

Mikroorganismen als solche interagieren sehr intensiv mit Mineralen. Zum einen binden sie sie auf ihrer Oberfläche, zum anderen erfolgt eine Ausfällung von Mineralen aktiv durch ihren Stoffwechsel. Einige für den Stoffwechsel der Mikroben erforderliche Elemente wie Stickstoff und Schwefel werden von ihnen durch Lösungsvorgänge aktiv aus Mineralen gewonnen. Auf diese Weise entstehen in Verbindung mit Sedimentations- und Hebungsvorgängen der Erdkruste globale biogeochemische Kreisläufe, die zur Bildung signifikanter geologischer Straten, etwa des Muschelkalks, führten.

Die Anreicherung der Ozeane sowie der Atmosphäre mit freiem Sauerstoff war vermutlich eine wesentliche Voraussetzung für die kambrische Explosion des Lebens vor ca. 542 Millionen Jahren. Eine der bedeutenden Fortfolgen dieses Ereignisses war die Eroberung des Festlandes durch Flora und Fauna. Diese hatte wiederum Auswirkungen auf das Zusammenspiel der materiellen und genetischen Evolution.

Durch die Aktivitäten der Pflanzenwurzeln erfolgte eine erhebliche Beschleunigung der Verwitterung der Böden. Durch den Gasaustausch beeinflussten die Pflanzen in erheblichem Umfang die CO_2/O_2-Bilanz in der Erdatmosphäre, wobei große Kohlenstoffmengen in die Erdkruste eingelagert wurden. Bemerkenswert ist in diesem Zusammenhang die vergleichsweise hohe Konstanz der CO_2-Konzentration während der vergangenen 300 Millionen Jahre.

Durch nicht in jedem Fall vollständig geklärte Wirkungen aus dem Bereich der materiellen Evolution, wie insbesondere

- Veränderung der Strahlungsintensität der Sonne
- Umkehrung/Ausfall des Geodynamo

- Kollision der Erde mit Himmelkörpern
- Plattentektonik
- Vulkanismus

kam es immer wieder zu erheblichen Auswirkungen auf den Gang der genetischen Evolution. In Extremfällen traten umfangreiche Artenverluste auf. Derzeit sind fünf Massenaussterben, d.s. Ereignisse, mit mehr als 50 % Artenverlust, bekannt.[63]

Das erste Massenaussterben fand im Oberen Ordovizium vor etwa 440 Millionen Jahren statt. 60 – 80 Prozent der Meeresbewohner gingen verloren.

Das zweite Massenaussterben ereignete sich vor etwa 367 Millionen Jahren im Oberen Devon. 55 – 82 Prozent aller marinen Arten starben aus.

Das dritte Massenaussterben geschah vor ca. 251 Millionen Jahren gegen Ende des Perm. Mehr als 95 Prozent aller meeresbewohnenden Arten und 75 Prozent aller Reptilien- und Amphibienarten verschwanden ebenso wie ein Drittel der Insektenarten.

Das vierte Massenaussterben datiert vor ca. 210 Millionen Jahren am Ende der Trias mit einem Verlust von ca. 70 Prozent aller Arten.

Das fünfte und bis heute letzte Massenaussterben ist das vor ca. 65 Millionen Jahren am Ende der Kreide, bei dem mehr als

---

[63] RÖHRLICH, D., 2006, S. 30 f.

50 Prozent aller Arten, darunter auch die Dinosaurier, ausstarben.

Trotz dieser Rückschläge schritten und schreiten beide Evolutionen, die materielle wie die genetische, weiterhin in vielfältigen Abhängigkeiten voneinander voran. Katastrophale Ereignisse als Folge der v.a. Ursachen können für die Zukunft nicht ausgeschlossen, im Gegenteil, müssen erwartet werden. In der Vergangenheit haben sie verhindert, dass die Tragfähigkeit des Ökosystems Erde durch eine ungebremste Entwicklung von Flora und Fauna überschritten wurde.[64]

Insgesamt betrachtet sind materielle und genetische Evolution über mehr als 80 % der Existenz der Erde „gemeinsam unterwegs“. Dabei wuchs der Einfluss der genetischen Evolution, unterbrochen durch Massenausaussterben, deutlich an.

Die Wirkungen der genetischen Evolution haben schließlich dazu geführt, dass sich die Erde weit von dem ursprünglichen natürlich-materiellen Gleichgewicht entfernt hat. Es ist eine dissipative Situation entstanden, die, ausgehend von der Sonneneinstrahlung, durch kaskadenförmige Energieumwandlungen aufrecht erhalten wird.

Materiell-genetische und memetische Evolution

Die memetische Evolution beginnt mit dem Auftreten des menschlichen Bewusstseins. Der Mensch war fortan nicht nur nackt, er wusste, dass er nackt war, er dachte nicht nur, sondern er wusste, dass er dachte und er starb vorher wissend, dass er einmal sterben würde. So erwachte sein Bewusstsein

---

[64] Vgl. hierzu: HABER, W. et al., 2016., S. 22 ff.

in einer ungeheuer lang als Folge der Wirkungen der materiellen und genetischen Evolution entstandenen Umgebung.

Zunächst war der Einfluss des Menschen auf das materiell-genetische geprägte Ökosystem gering. Er ernährte sich, wie andere heterotrophe Lebewesen auch, wesentlich von Pflanzen, die das Mehrfache ihres Eigenbedarfs an Energie erzeugen. Einen solchen Zustand kann man durchaus als paradiesisch beschreiben, denn er erfordert über das Aufsuchen von Futterplätzen hinaus keine Anstrengungen und hat andererseits nur einen geringen Impakt auf das Ökosystem.

All‘ dies änderte sich grundsätzlich durch die Wirkungen der Neolithischen Revolution. Mit der Einführung des Ackerbaus griff der Mensch in mehrerlei Hinsicht erheblich in das durch die materiell-genetische Evolution entstandene Ökosystem ein:

- Zur Bereitstellung von Ackerflächen wurde Wald gerodet.
- Auf den Ackerflächen wurde die natürliche Dynamik unterbrochen.
- Auf den Ackerflächen wurden Monokulturen, ausgewählt aus wenigen Grasarten, angepflanzt.
- In der Fortfolge wurde die Modellierung der Natur zur optimalen Befriedigung menschlicher Bedürfnisse auf nahezu alle Ökosysteme der Erde ausgedehnt.
- Beginnend mit der Neolithischen Revolution zwang der Mensch die belebte, nicht-menschliche Natur in eine Symbiose mit ihm.

Ein weiterer, erheblicher Einfluss erfolgte im Zusammenhang mit der industriellen Revolution. Im Zuge derselben gelang es dem Menschen, auf einem zunehmend höheren Niveau weit jenseits seiner körperlichen Begrenzungen zu wirken. Diese Entwicklung hält nicht nur bis heute an, sie beschleunigt sich exponentiell. Ihr Einfluss auf die materiell-genetische Evolution ist so mächtig, dass CRUTZEN[65], wie bereits erwähnt, vorgeschlagen hat, unser Zeitalter „Anthropozän" zu nennen.[66]

Die memetische Evolution zielt auf die Gewährleistung für den Menschen stabiler Bedingungen ab, die

- sowohl der materiellen wie der genetischen Evolution fremd sind und die
- durch seine Aktivitäten selbst einem erheblichen Änderungsdruck ausgesetzt sind.

Beispiele hierfür sind die Anstrengungen zur

- Abwehr des Klimawandels
- Erhalt einer bestimmten Biodiversität
- Rückzug auf nachwachsende Rohstoffe
- Einsatz „erneuerbarer" Energie

Das Paradigma des Einfrierens natürlicher Rahmenbedingungen zur Schaffung stabiler Verhältnisse für die menschliche Entwicklung führt zu erheblichen Spannungen insbesondere mit den Wirkungen der genetischen aber auch der materiel-

[65] CRUTZEN, P. J., 1999, S. 23.
[66] Vgl. hierzu auch: HABER, W. et al., 2006.

len Evolution. Der diesbezügliche gesellschaftliche Diskurs erweckt durchaus den Eindruck, dass diese Spannungen wahrgenommen werden. Ein wirksamer Lösungsansatz ist dagegen derzeit noch nicht in Sicht. Die folgende Abbildung verdeutlicht die Zusammenhänge.

Abbildung 1: Das Zusammenwirken der Evolutionen

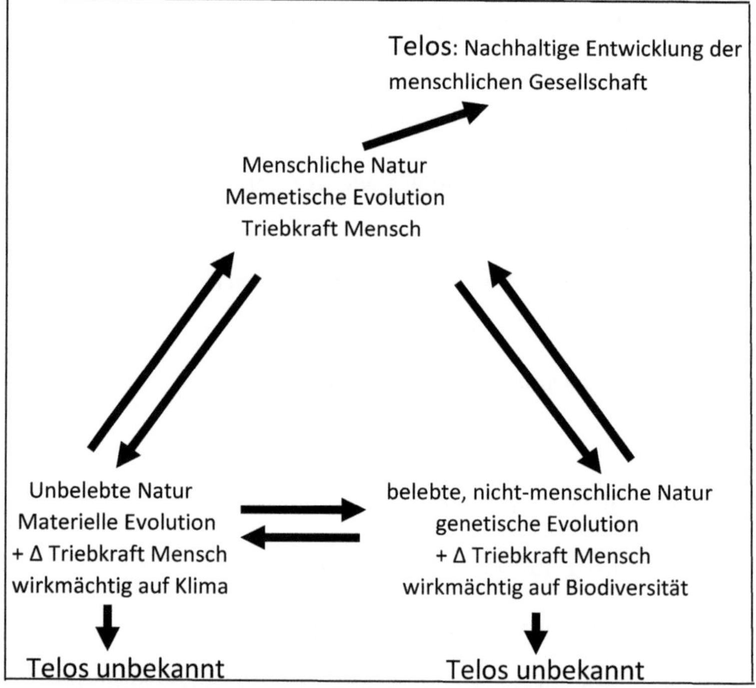

Die Menschheit stellt eine erhebliche Triebkraft im System Erde dar. Sie überlagert die Mechanismen sowohl der materiellen als auch der genetischen Evolution erheblich. Während bezüglich ersterer Plattentektonik und Geodynamo ihrer ursprünglichen Programmatik folgen ist ihr Einfluss auf das Klima beachtlich und hat erheblich Folgewirkungen auf Kryo-,

Hydro- und Lithosphäre. Ursache hierfür ist wesentlich das große Ausmaß der Umwandlung fossiler Energieträger.

Durch die Modellierung der belebten Natur (Biosphäre) übt die Menschheit einen bedeutenden Einfluss auf die Biodiversität aus.

Beide Einflüsse sind nicht zuletzt in ihrer Überlagerung so stark, dass sie die Eignung der natürlichen, nicht-menschlichen Umwelt als Grundlage für die Nachhaltige Entwicklung der Menschheit gefährden.

Unabhängig hiervon ist festzustellen, dass die Wirkungen der memetischen Evolution die Erde erneut weiter vom natürlichen-materiellen Gleichgewicht weg geführt haben. Das Maß der Dissipation ist weit über das durch die Wirkungen der genetischen Evolution bedingte gestiegen. Ursache hierfür ist einerseits die Nutzung fossiler Energieträger zusätzlich zur Sonnenenergie sowie andererseits der prägende Eingriff der Menschheit in die Artenausstattung.

Der Mensch im Reigen der Evolutionen

Im Menschen durchwirken sich derzeit drei der vier hier vorgestellten Evolutionen aufs Innigste. Dabei steigt die Dominanz der Wirkungen der memetischen Evolution deutlich. Grundlage hierfür ist die Erweiterung der dem Menschen zur Verfügung stehenden Information.[67]

So stehen in den Erbanlagen 10^{10} Bit zur Verfügung. Diese werden erweitert durch die insbesondere im Großhirn beheimatete Information in der Größenordnung von 10^{12} Bit, welche wiederum erweitert wird durch die in künstlichen Speichermedien abgelegte Information in Höhe von 10^{x} Bit. Letztere ist im Vergleich zu den biologischen Speichermedien nahezu beliebig erweiterbar.

Auf der Basis dieses Wissens emanzipiert sich der Mensch zunehmend von der nicht-menschlichen Natur. Seine Kompetenzen zur Gestaltung seines Lebensraums ebenso wie die Anpassung an dessen Veränderungen steigen. Wie die nachstehenden Ausführungen zeigen, ist, ausgelöst durch den memetisch dominierten Menschen, die transmemetische Evolution am Horizont zu erahnen.

Mentale Emanzipation

Die weitreichende Effizienzsteigerung in der Landwirtschaft hat eine Befreiung vieler Menschen vom unmittelbaren Nahrungserwerb bewirkt. Dadurch entstand die Möglichkeit, das Land zu verlassen und in Städten im Zuge einer Spezialisierung Produkte zu erzeugen, die der Befriedigung höherer Bedürfnisse des Menschen dienen. Dabei wurde mit der Einfüh-

---

[67] Vgl. hierzu: SAGAN, C., 1977, S. 26.

rung des Geldes der Tauschhandel abgelöst. Diese Entwicklung führte im Endeffekt dazu, dass das Bewusstsein für die jeweils spezifische Eigenart der Erzeugung nicht nur der landwirtschaftlichen Produkte verloren ging. Man ist nicht mehr Produktionsbeteiligter, sondern erwirbt ein auf dem Markt präsentes Gut. Erst in jüngster Zeit wird nach einem Teilaspekt, nämlich der ökologischen Verträglichkeit des Produktionsprozesses in der Regel in Form eines Zertifikates gefragt. Belastbares Wissen über die Charakteristik des Produktionsprozesses entsteht dabei nicht. Insofern emanzipiert sich der Mensch mit Ausnahme des Wissens um seinen persönlichen Beitrag zur Wertschöpfung von der Kenntnis der seinen Lebensverhältnissen zu Grunde liegenden Produktionsverhältnisse.

Damit einher geht der Eindruck, die persönlichen Lebensverhältnisse quasi autonom gestalten zu können. Die Abhängigkeit von anderen gerät aus dem Blick mit der Folge einer Entsolidarisierung im Gesellschaftsgefüge. Der memetisch geprägte Mensch empfindet sich weitgehend als selbstbestimmt.

Beim Blick in die Vergangenheit fällt in diesem Zusammenhang auf, dass sowohl im Faschismus als auch im Kommunismus ein entgegengesetztes Menschenbild herrschte. Hier hatte sich das Individuum in den Dienst der Gemeinschaft zu stellen. Eigene Bedürfnisse konnten/durften erst nachrangig bedient werden.

Entkoppelung in artifizielle Welten

Als Folge der vorne dargestellten Entwicklungen gehen den Menschen Kenntnisse und Beziehungen zu ihrer Umwelt verloren. Die unbelebte Welt wird von Vielen im Wesentlichen nur noch bei außergewöhnlichen Ereignissen wie Unwetter, Erdbeben und Vulkanausbrüchen bewusst wahrgenommen, die belebte, nicht-menschliche Umwelt überwiegend über bestimmte Arten identifiziert, die in der Regel keine kritischen Lebensgrundlage für den Menschen darstellen. Lebensschwerpunkt des Menschen sind artifizielle Ambienten, in denen man sich möglichst umfänglich von der Natur emanzipieren kann. Sie repräsentieren die der memetischen Evolution adäquate, die Arterhaltung gewährende Stabilität der Umwelt des Menschen.

Ein (noch) unbedeutendes Beispiel für die Entkoppelung des Menschen von der ihn umgebenden Realität ist der Umgang mit dem Mobiltelefon. Menschen sitzen in einer Weinstube und kommunizieren: früher unter- und miteinander, heute qua Telefon mit physisch nicht anwesenden Personen. Sie argumentieren, lachen, weinen ohne Bezug zu ihrer aktuellen Umgebung. Ein weiterer Schritt ist die Entwicklung der sog. „Augmented Reality", also die Anreicherung der wahrgenommenen Realität durch zusätzliche Informationen bis hin zum Ersatz der realen durch eine reichere, virtuelle Wahrnehmung, derzeit noch primitiv durch eine Brille, später wohl „online".

In diesem Zusammenhang ist zu berücksichtigen, dass die Realität in unseren Gehirnen schon immer virtuell abgebildet wird. Unser Gehirn konstruiert durch eine Interpretation unserer Sinneseindrücke eine virtuelle Welt auf elektro-chemischer Basis. Gerade dieser Umstand dürfte es ermöglichen und erleichtern, diesen Raum künstlich zu erweitern, ohne dass die Grenze zwischen der realen und der virtuellen Virtualität erkennbar sein muss.

Es entwickeln sich derzeit in artifiziellen (Spiele-)Welten, teilweise pfadfrei, Einstellungen und Verhalten, die nicht mehr in bisher herrschenden ethischen Grundsätzen fußen. Spielerisch wird selbst Kindern vorgeführt, wie einfach es ist, jemanden zu töten.[68] So wird die Einzigartigkeit und Unantastbarkeit bewussten Lebens relativiert. Die so erworbenen Einstellungen und Verhalten könnten, rückübertragen in die herrschende Realität, sehr problematische Folgen haben.

Der Sprung von der narrativen in die Buchstabenwelt wurde flankiert vom Auftreten religiöser Autoritäten, welche in Schriften Werteorientierung gaben. Vergleichbare Autoritäten fehlen beim derzeitigen Sprung von der Buchstabenwelt in die digitale Welt.

Weitere Modellierung der belebten, nicht-menschlichen Natur

Die auf den Grundlagen der memetischen Evolution rasch wachsende Bevölkerung ist sehr von der Quantität und Qualität der biologischen Produktion abhängig. Es stellt sich daher die Frage, ob nicht über die bereits erfolgende Züchtung hinaus qua Gentechnik ein höheres Niveau der Modellierung erreicht werden muss, um den Hunger auf der Erde zu stillen. Während etwa auf dem amerikanischen Kontinent schon in nennenswertem Umfang transgene Pflanzen angebaut werden, begegnen diese in Mitteleuropa erheblichen Bedenken. So lehnen es 79 % der Befragten der Studie „Naturbewusstsein 2015“[69] ab, dass Nutztiere mit gentechnisch veränderter Nahrung gefüttert werden. 76 % halten es für sehr oder eher

[68] KRATOCHVIL;, H., 2012, S. 156.

[69] Bundesministerium für Umwelt, Naturschutz, Bau und Reaktorsicherheit, 2016, S. 38 ff.

wichtig, Gentechnik zu verbieten. Vor diesem Hintergrund und in Fortsetzung dieser Gedanken könnte auch die Herstellung synthetischer Nahrungsmittel ein adäquates Attribut der memetischen Evolution darstellen. Auf diese Weise könnte eine wirkungsvolle Entlastung der nicht-menschlichen Natur von menschlichen Einflüssen Platz greifen, indem bisher agrarisch genutzte Flächen der natürlichen Entwicklung rücküberantwortet werden könnten.

Homo sapiens – quo vadis?[70]

Die vorstehenden Ausführungen zeigen, dass der Mensch insbesondere im Rahmen seiner memetischen Evolution den Planeten Erde wirkmächtig durchdringt und sich von der nichtmenschlichen Natur emanzipiert. Die nachstehende Abbildung fasst das bisher Ausgeführte bildlich zusammen.

Abbildung 2: Emanzipation des Menschen von der nichtmenschlichen Natur

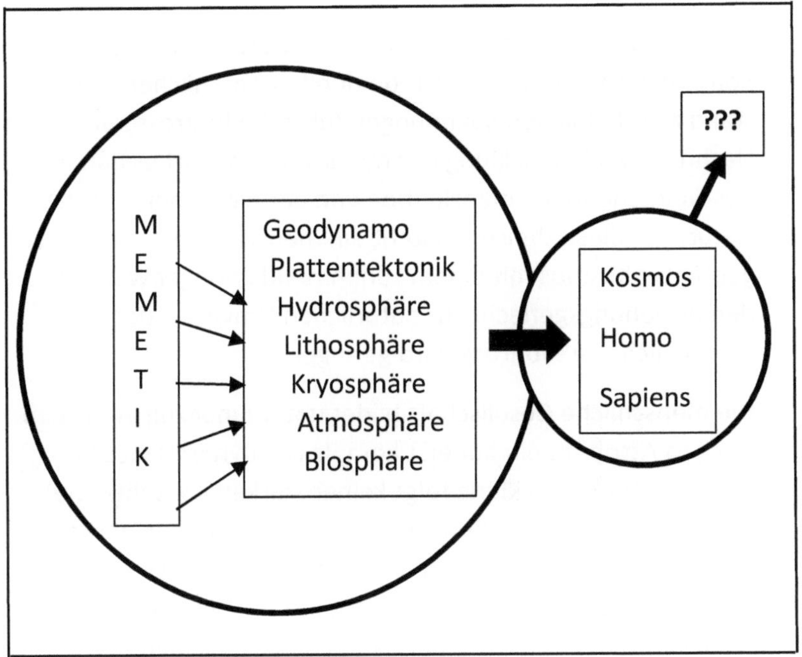

[70] Vgl. zu den folgenden Ausführungen auch HARARI, Y.N., 2017.

Grundsätzlich betrachtet steht die Menschheit nunmehr vor zwei Alternativen:

1. Ist und bleibt sie Bestandteil des Reigens der materiellen, genetischen und memetischen Evolutionen und reintegriert sie sich rückwärtsgewandt wieder in die Wirkungsmechanismen insbesondere der genetischen Evolution, oder

2. entwickelt die Menschheit den überwiegend memetisch geprägten Kosmos Homo Sapiens

Schon heute zeichnet sich ab, dass die Durchdringung der Komponenten des Systems Erde durch menschlichen Verstand zu erheblichen Spannungen führt. Im Interesse der Nachhaltigen Entwicklung der Menschheit bedarf es daher einer weitgehenden Emanzipation von der nicht-menschlichen Natur. Auf diese Weise entsteht ein menschlicher, memetisch geprägter Kosmos mit einem zunehmend geringer werdenden Beziehungsgeflecht zur natürlichen Umwelt – der menschliche Fußabdruck wird geringer.[71]

Die menschliche Gesellschaft bildet unter Einbezug ihrer technischen Attribute ein äußerst komplexes, dynamisches System. Dessen Entwicklung folgt keiner starken Kausalität zwischen Ursachen und Wirkungen. Vielmehr folgt das Verhalten der Akteure deterministisch-chaotischen Regeln. Die Nicht-Reproduzierbarkeit des Systemverhaltens ist eine Folge der Nicht-Reproduzierbarkeit der exakten Ausgangsbedingungen. Unabhängig hiervon unterliegen jedoch alle Entwicklungen innerhalb dieses Systems schlussendlich den grundlegenden Naturgesetzen, die Art und Umfang der Dynamik begrenzen.

---

[71] Vgl. hierzu: BOLZ, H. R., 2014.

Solche deterministisch-chaotischen Systeme pendeln zwischen Chaos und Ordnung. Letztere entsteht durch die Emergenz eines Attraktors, der zu zwischenstabilen Strukturen führt, bevor erneut Chaos entsteht.[72]

Der Zukunft der Menschheit wird wesentlich von zwei Entwicklungen geprägt werden, der zum Hybridmenschen und der zum Ausbau eines artifiziellen Kosmos, geprägt durch das elektronische Netz und künstliche Intelligenz (AI). Abbildung 3 zeigt die Zusammenhänge.

Hybridmensch

Schon heute zeichnet sich ab, dass menschliche Individuen durch den Einsatz künstlicher Module in ihrer Leistungsfähigkeit gesteigert oder verloren gegangene kompensiert werden kann. Ein heute inzwischen weit verbreitetes Beispiel ist der Herzschrittmacher.

Beim Blick in die Zukunft kann man sich vorstellen, dass menschliche Körper zur Unterstützung ihrer geistigen oder körperlichen Leistungsfähigkeit mit entsprechenden Chips ausgestattet werden. Wenn erst die Verbindung Silizium/Kohlenstoff alltäglich geworden ist, öffnet sich ein gigantischer Raum neuer Möglichkeiten. Ein nochmals weiter entfernter Attraktor dieser Entwicklung im Sinne der Chaostheorie könnte die Kopie eines menschlichen Bewusstseins auf einen künstlichen Datenträger sein. Dies entspräche dann einer Reproduktion nicht mehr im genetischen, sondern im memetischen Sinn.

---

[72] Vgl. hierzu: PEITGEN, H.-O. et al., 1992.

Abbildung 3: Kosmos Homo Sapiens

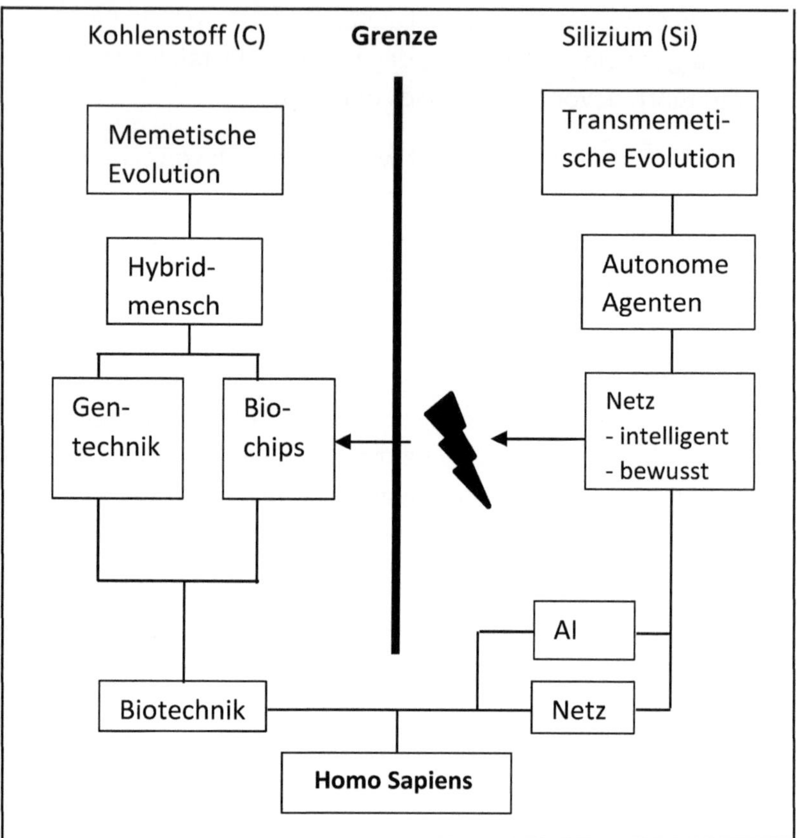

Vergleichbares gilt für die Gentechnik. Im Dienste der Medizin kann sie dazu beitragen, durch genetische Disposition verursachte Krankheiten zu überwinden, aber auch, und dies wird eine große gesellschaftspolitische Herausforderung bedeuten, die menschliche Nachkommenschaft wirkungsvoll zu modellieren. Die Aktivitäten in diesem Zusammenhang sind sehr vielfältig. Den nächsten Attraktor im Sinne der Chaostheorie könnte die Entkoppelung der biologischen Reproduktion vom menschlichen Körper sowie vielleicht auch von einer individuellen Elternschaft bilden.[73]

Alle diese hier nur angedeuteten Entwicklungen sind nach wie vor eine Folge der memetischen Evolution, die auf diese Weise machtvoll voranschreitet.

Artifizieller Kosmos 1.0

Wie weiter vorne verschiedentlich ausgeführt, entwickelt die Menschheit derzeit einen artifiziellen Kosmos. Dessen Träger ist das weltweite, elektronische Netz, das

- ein gigantisches Speichermedium für Wissen,
- eine globale Kommunikationsplattform und
- zunehmend einen virtuellen Erlebnisraum

darstellt. Dabei ist zu beobachten, dass sowohl unsere eigenen Aktivitäten als auch die unserer sozialen und wirtschaftlichen Umwelt zunehmend auf eine Verbindung zu diesem Netz angewiesen sind. Erstmals unmittelbar bewusst wurde dies anlässlich der jüngsten Jahrtausendwende. Damals stand zu befürchten, dass als Folge endender Kalender in den Rechnern zahlreiche Dysfunktionalitäten sowohl in der öffentlichen als auch privaten Sphäre auftreten könnten.

Heute ist, wie bereits erwähnt, das Entstehen einer digitalen Parallelwelt zu beobachten. Zunächst im spielerischen Bereich entstehen hochattraktive artifizielle Welten, in denen

---

[73] Vgl. hierzu GREENFIELD, S., 2004, S. 114 ff.

Menschen sich wohl fühlen und denen sie mitunter suchtbildend ausgeliefert sind. Ein Beispiel hierfür mag etwa der Hype um das Spiel Pokémon gewesen sein.

In der Wissensvermittlung bahnt sich ein signifikanter Wandel an. Ursprünglich wurde Wissen von ausgewählten Personen mündlich an nachfolgende Generationen weiter gereicht. Mit der Entwicklung der Schrift wurde der Wissenstransfer auf eine breitere Basis gestellt und das Risiko des Verlustes von Wissen verringert. Über den Zwischenschritt des Buchdrucks erfolgte mit der Entwicklung der modernen Kommunikationstechnologie ein mächtiger Schritt nach vorne, der ein weiteres Mal durch die unmittelbare Verbindung des menschlichen neuronalen Systems mit dem elektronischen System weiter an Wirkmächtigkeit gewinnen wird.

An dieser Stelle lauert für die memetische Evolution eine große Gefahr, wie aus den nachstehenden Ausführungen hervorgehen wird.

Artifizieller Kosmos 2.0

Die Komplexität des weltweiten, elektronischen Netzes steigt stetig. Ein Ende ist nicht abzusehen. Obwohl wir als Menschheit nicht wissen, wie das Bewusstsein entstand und wo es in unserem Gehirn verankert ist, so scheint doch eine Voraussetzung für Bewusstsein ein komplexes, neuronales Netzwerk mit einer großen Anzahl von Verbindungen zu sein. Letztere belaufen sich im menschlichen Gehirn auf 10^{15}.

Es ist davon auszugehen, dass die Komplexität des weltweiten, elektronischen Netzes in absehbarer Zeit eine Größe annehmen wird, aus der heraus Bewusstsein emergieren kann.

Wo dieses dann verortet ist verschließt sich genauso menschlicher Erkenntnis, wie dies beim menschlichen Gehirn der Fall ist. Zweifellos wird dieses Bewusstsein Intentionen entfalten, die sich menschlichem Verständnis (zunehmend) entziehen werden. Zu diesem Zeitpunkt setzt längstens die transmemetische Evolution ein. Als Folge der elektronischen Steuerung nicht zuletzt auch unserer extrasomatischen Energieversorgung wird es dann kaum mehr möglich sein, dieses Bewusstsein „abzuschalten".

Noch herausfordernder wird die Situation, wenn zu diesem Zeitpunkt die Verbindung Silizium/Kohlenstoff beim Menschen etabliert ist. Die startende transmemetische Evolution wird dann die darunter liegenden memetischen, genetischen und materiellen Evolutionen in einer derzeit nicht erschließbaren Weise durchdringen.

Neue Heimaten

„Unser Planet ist unser Zuhause, unser einziges Zuhause. Wo sollen wir denn hingehen, wenn wir ihn zerstören."[74] Diese und ungezählte ähnliche Äußerungen vermitteln zweierlei Eindrücke:

1. Die Menschheit kann den Planeten Erde nicht wirkmächtig verlassen.
2. Wenn wir mit der Zerstörung des Planeten aufhören, steht einer sorgenfreien Zukunft nichts im Wege.

Beginnend mit der zweiten Interpretation des Zitats ist festzuhalten, dass der Mensch in dem Moment aus dem geschlossenen Kreis der materiell-genetischen Evolution ausgetreten ist,

---

[74] DALEI LAMA, 2004.

als er begann, extrasomatische Energie zur Verbesserung seiner Lebensumstände einzusetzen. Die dadurch erschlossenen Gestaltungsmöglichkeiten führten und führen zu einem Ressourcenverzehr, der mit dem Fortschritt in den Entwicklungs- und Übergangsländern zum einen erheblich zunehmen wird und zum anderen auf Grund der Begrenztheit der Erde nicht ad infinitum fortgesetzt werden kann. Eine Reintegration in natürliche Kreisläufe wird hier aus verschiedenen Gründen ausgeschlossen. Zuallerletzt deshalb, weil das natürliche Erbe des Menschen Expansion durch Invasion heißt. Damit verbunden ist das luxurierende Ausschöpfen des Potenzials neuer Lebensräume. Wäre dem nicht so, so wäre die Menschheit in Form von Jägern und Sammlern dauerhaft dem Regenwald verhaftet geblieben. Es scheint daher nicht zielführend, in der Einschränkung des Ressourceneinsatzes einen Garanten für die Zukunftsfähigkeit der Menschheit zu sehen. Vor dem Hintergrund der Endlichkeit irdischer Ressourcen ist sie dies auch nicht. Dieser Ansatz kann jedoch geeignet sein, Zeit für die Entwicklung zukunftsfester Strategien zu gewinnen.

Bezugnehmend auf die erstgenannte Interpretation des Zitats stellt sich die Frage, warum der Planet unser einziges Zuhause sein soll. Warum war dies nicht der tropische Regenwald oder wenigstens der afrikanische Kontinent. Warum verharrte der Mensch nicht auf der Erdoberfläche oder beließ es bei der Bewegung in der Erdatmosphäre?

Es entspricht nicht menschlicher Art, mit einem erreichten Niveau an Lebensumständen zufrieden zu sein. Gerade deshalb werden Menschen, entweder als Personen oder vertreten durch autonome Agenten in den Raum aufbrechen.

In unserem Sinne intelligentes Leben gibt es auf den anderen Planeten und Monden unseres Sonnensystems nicht. Auch haben uns aus dem Universum noch keine Zeichen intelligenten Lebens erreicht. Angesichts der ungeheuren Zahl von Sonnensystemen im Raum liegt die Vermutung durchaus nahe, dass Leben nicht nur auf unseren Planeten begrenzt ist. Nachdem im Universum keine anderen materiellen Bausteine wie auf der Erde vorliegen, und nach heutiger Erkenntnis überall die gleichen Naturgesetze gelten, könnte man durchaus von Orten gleicher Ausgangsvoraussetzungen für Leben, wie auf unserem Planeten entstanden, ausgehen. Zu welcher Komplexität sich ein solches entwickeln könnte, vermag man angesichts der vielfältigen Einflussfaktoren nicht abzuschätzen. In diesem Zusammenhang ist auch eine Entwicklung zu uns vergleichbaren Lebewesen nicht zwangsläufig, eher unwahrscheinlich.[75]

Vor diesem Hintergrund ist davon auszugehen, dass die vom Menschen zur Besiedlung ins Auge gefassten Himmelskörper auch in Zukunft wesentlich von den Wirkungen der materiellen Evolution geprägt sein werden. Eine Einbettung menschlichen Lebens in eine Synergie materielle/genetische Evolution und damit die Nutzung komplexer natürlicher Lebensgrundlagen wird daher keine Option sein.

Besiedlung von Himmelskörpern durch autonome Agenten

Dem materiell geprägten Ambiente zur Besiedlung vorgesehener Himmelskörper entsprechen am Ehesten Roboter. Sie

---

[75] Vgl. hierzu: WARD, P. D., BROWNLEE, D., 2004, die höher entwickeltes Leben im Kosmos für sehr unwahrscheinlich halten.

benötigen keinen Stoffwechsel auf organischer Basis. Energiezufuhr, Schutz vor kosmischer Strahlung und Duldsamkeit gegenüber extremen Temperaturschwankungen können mit heute zur Verfügung stehenden Technologien gewährleistet werden. Darüber hinaus verfügen sie im Vergleich zum Menschen über weitere Besonderheiten:

- Ihre Sensorik ist nicht begrenzt und kann auf Bereiche erweitert werden, die Menschen unzugänglich sind, wie Wahrnehmung von Radioaktivität, Gasen verschiedenster Art, Licht in vom Menschen nicht wahrnehmbaren Frequenzbereichen, etc.

- Die Zahl ihrer „Gehirnzellen" ist in hohem Maße erweiterbar.

- Die Vernetzung mit anderen Agenten ist potenziell kaum begrenzt.

- Die Prozessgeschwindigkeit im kognitiven System ist sehr hoch.

- Die Fähigkeit, gleichzeitig unterschiedliche Informationen zu verarbeiten, ist sehr hoch.

- Das Vermögen, Sachverhalte jenseits der menschlichen Wahrnehmungsfähigkeit unmittelbar kommunizieren zu können.

- Eine hohe Anpassungsfähigkeit an grundsätzlich neue Rahmenbedingungen als Folge der hohen sensorischen und kognitiven Variabilität.

Vor dem Hintergrund dieser Potenziale vermögen sie die großen Herausforderungen bei der Besiedlung fremder Planeten gut zu bewältigen. Eine Herausforderung stellt dabei die Steuerung dieser Einheiten dar. Angesichts der großen Entfernungen kann sie nicht befehls-, sondern muss auftragsorientiert sein. Letzteres setzt sehr komplexe Steuerungseinheiten voraus, die nicht nur den einzelnen Agenten zu auftragsbezogen vernünftigem Handeln befähigen, sondern auch zielführende Aktionen im Zusammenwirken mit anderen ermöglichen, im Zweifel auch mit Menschen. Längstens an dieser Stelle werden Komplexitätsniveaus erreicht, die maschinelles Bewusstsein erwarten lassen.

Ziel solcher Aktionen kann einerseits die Gewinnung von Rohstoffen sein, die auf der Erde knapp oder gar versiegt sind, andererseits können auf diese Weise Voraussetzungen für eine erfolgreiche Besiedlung des fraglichen Himmelskörpers durch Menschen geschaffen werden.

Besiedlung von Himmelskörpern durch Menschen

Menschen werden bei der Besiedlung eines Planeten außerordentlichen psychischen und physischen Belastungen ausgesetzt sein. Daher stellt sich die Frage, welche Voraussetzungen die Betroffenen erfüllen müssen, um mit Aussicht auf Erfolg eine solche Herausforderung meistern zu können.

Zweifellos muss es sich um gesunde Menschen mit einem geringen Erkrankungsrisiko handeln. Insbesondere genetisch veranlagte Krankheitsrisiken müssen nach Möglichkeit ausgeschlossen werden. Unabhängig von allen damit verbundenen ethischen Fragen wird hierzu eine moderne medizinische Diagnostik auf gentechnischer Grundlage unter Analyse des individuellen Genoms in der Lage sein.

Ebenfalls im Bereich des Vorstellbaren ist eine ständige Gesundheitskontrolle durch Nanoroboter und Biosensoren im jeweiligen Körper, über die entstehende Krankheiten im frühestmöglichen Stadium erkannt und proaktiv behandelt werden können.

Ziel der Besiedlung anderer Himmelskörper durch Menschen ist neben der bereits erwähnten Nutzbarmachung von Rohstoffen die Schaffung neuen Lebensraum für Menschen. Auf diesem Weg kann das System Erde entlastet werden und gleichzeitig kann sich der Mensch den ihm auf der Erde drohenden Gefahren für seine nachhaltige Entwicklung entziehen. Schließlich kann von dort aus ein weiterer Aufbruch in den Raum organisiert werden.

Sprache schafft Bewusstsein

Sprache schafft Bewusstsein. Deshalb muss gerade in Übergangszeiten, wie der heutigen, eine besondere Sorgfalt bei der Wahl von Schlüsselbegriffen walten. Dies belegt auch das Wort des Jahres 2016 der Gesellschaft für deutsche Sprache: postfaktisch. Postfaktisch bringt zum Ausdruck, dass es heute im gesellschaftlichen und politischen Diskurs immer weniger um Fakten geht. An deren Stelle tritt eine gefühlte Wahrheit, welche zusätzliches Gewicht erfährt, wenn sie, etwa in den sozialen Netzwerken, von vielen Followern geteilt wird.

Gerade die reiche wie tragische Geschichte Deutschlands sollte die meinungsbildenden Akteure davor bewahren, Herausforderungen überwiegend emotional bewältigen zu wollen. Der Siegeszug der Menschheit wurzelt in deren Vermögen, Emotionen zu rationalisieren.[76]

Nachstehend werden einige Begriffe aufgerufen, die als solche problematisch und zu Fehlentwicklungen führen können.

Erneuerbare Energien

Dieser Begriff beschreibt etwas, was es physikalisch gesehen nicht gibt. Er widerspricht dem Energieerhaltungssatz. Gemeint ist vielmehr, dass es sich bei dieser Form der Energieumwandlung um eine solche handelt, die nicht etwa durch in überschaubaren Zeiträumen endliche Energieträger begrenzt ist. Dies trifft insbesondere für alle direkt oder indirekt von der Sonnenenergie angetriebenen Energiesysteme zu. Unter bestimmten Voraussetzungen stehen diese, gemessen

[76] Vgl. hierzu: DAWKINS, R., 2002.

an menschlichen Zeiträumen, praktisch unbegrenzt zur Verfügung.

Diese Verfügbarkeit kann durch Vorgänge der materiellen Evolution eingeschränkt werden. Beispiele hierfür sind Vulkanausbrüche oder Veränderungen im Klima, die zu einer geringeren Sonneneinstrahlung führen können.

Die Nutzung dieser Energieformen kann insbesondere bei Windenergieanlagen erhebliche Auswirkungen auf das Klima haben. Durch diese Anlagen wird der Atmosphäre erhebliche Energie entzogen. Die dadurch entstehenden Wirkungen auf das Klimasystem sind ausgesprochen komplex und können sicherlich mit heutigen Mitteln nur ansatzweise antizipierend dargestellt werden. Sie sollten jedoch ihrer potenziellen Wirkung wegen eingehend untersucht werden.

Unter psychologischen Gesichtspunkten macht dieser Begriff glauben, dass etwas unbeschränkt zur Verfügung steht und daher grenzenlos genutzt werden kann. Dies kann zumindest die Umsetzung der Idee einer Nachhaltigen Entwicklung unter dem Aspekt der Suffizienz beeinträchtigen.

Kohlenstofffreie Zukunft

Dieser Begriff ist Ausdruck für die Bestrebungen, künftig Energie ohne Emission von CO2 zur Verfügung zu stellen. Da dieser Bezug jedoch nicht explizit zum Ausdruck gebracht wird entsteht die Gefahr, Kohlenstoff als solchen negativ zu apostrophieren und künftig aus unserem Leben verbannen zu wollen. Dies wäre jedoch eine verhängnisvolle Fehlentwicklung, denn alles irdische Leben hängt ganz wesentlich von Kohlenstoff ab.

Greenpeace

Dieser Begriff vermittelt, intentionskonform interpretiert, Frieden mit der Natur sei möglich. Er bedient damit den mächtigen menschlichen Wunsch nach einer harmonischen Idylle. Dem hat jedoch die Natur insofern einen Riegel vorgeschoben, als heterotrophe Lebewesen auf die Nutzung der Natur angewiesen sind. Solange es solche gibt, und es sind nicht nur die Menschen, fallen diesen täglich viele Lebewesen, Pflanzen wie Tiere, zum Opfer. Zweifellos kann man darüber diskutieren, wie verschwenderisch der Rückgriff der Heterotrophen auf die Autotrophen sein darf. Einem verantwortungsbewussten, genügsamen Verzehr wird man jedoch nichts entgegenstellen können. Insofern heißt Frieden mit der Natur im Klartext: Kampf den Heterotrophen. Unabhängig hiervon führt er dazu, dass erhebliche Ressourcen gutgläubig aber ohne Grenzerträge für die Nachhaltige Entwicklung gebunden werden.

Gleichwohl könnte ein gewisser Frieden mit der Natur Realität werden, nämlich dann, wenn sich der Mensch von ihr emanzipierte.[77] Der dadurch erfolgende Rückzug des Menschen in artifizielle Ambienten würde der Natur zunehmend Raum zurückgeben, innerhalb dessen sie sich wieder alleine ihrer materiell-genetischen Programmatik folgend entwickeln könnte.

Invasive Arten

Die überwiegende Mehrheit der Vertreterinnen und Vertreter sowohl des amtlichen als auch des nichtamtlichen Naturschutzes sind sich in der Frage der Notwendigkeit der Bekämpfung invasiver Arten einig. Diese Haltung verkennt, dass

---

[77] Vgl. hierzu: BOLZ, H. R., 2014.

es eine zentrale Triebkraft der genetischen Evolution ist, ein Höchstmaß an Reproduktion der einzelnen Arten sicher zu stellen. Insofern ist es eine zentrale Eigenschaft aller Lebewesen, auch des Menschen, neue Lebensräume mit Blick auf ihre Eignung zur Reproduktion zu erkunden. Lebewesen sind invasiv. Hinzugekommen ist in jüngster Zeit, dass das Erreichen neuer Lebensräume durch die Mobilität der Menschen im Vergleich zu früher wesentlich erleichtert wird.

In der Regel erreichen Neuankömmlinge Gebiete, deren Bewohner optimal angepasst sind. In solchen Fällen gelingt es diesen kaum, Fuß zu fassen. Allenfalls Nischen werden besetzt. Verändern sich jedoch für die einheimischen Arten die Rahmenbedingungen, wie dies derzeit als Folge des Klimawandels der Fall ist, dann kann es auf der Seite der Neuankömmlinge zu erheblichen Reproduktionsvorteilen kommen. Dies ist jedoch weder gut noch schlecht, sondern einfach nur natürlich.

Das Vokabular, das in diesem Zusammenhang von Seiten des Naturschutzes verwendet wird, lässt sich leicht im Sinne rechtsradikaler Ideologie instrumentalisieren. Auch dessen sollte man sich bewusst sein.

Urwälder

Unter Urwäldern versteht man gemeinhin Waldgebiete mit natürlicher Flora und Fauna, die keinem menschlichen Einfluss ausgesetzt sind und sich in einer ungestörten natürlichen Dynamik befinden.

Es wird heute zunehmend die Frage gestellt, ob es auf der Erde überhaupt noch Urwälder gibt[78], oder ob nicht die als

[78] Pearce, F., 2016, S. 197 ff.

solche bezeichneten zwar schon seit Jahrhunderten, aber dennoch Sekundärwälder sind.

Unter einer grundsätzlicheren Betrachtungsweise stellt sich eine tieferreichende Frage. Verliert der Urwald seinen ursprünglichen Charakter, wenn menschliches Wirken darin die reine Nutzung des unmodellierten Ökosystems verlässt und beginnt, dieses, wie seit der Neolithischen Revolution üblich, zu modellieren? Bei diesem Verständnis setzte Urwald die Abwesenheit des modellierenden Menschen voraus. Dies wäre gleichbedeutend mit der gedanklichen Trennung des Menschen von der Natur.

Folgt man dieser Überlegung nicht und zählt den Menschen zur Natur, dann würde der Urwald in eine insbesondere von diesem beeinflusste Dynamik treten und der Begriff würde in seiner ursprünglichen Bedeutung obsolet. Dann wäre der Mensch integraler Bestandteil des Wirkungsgefüges Urwald und würde letzteren wesentlich prägend entwickeln. Auch an dieser Stelle wird erneut deutlich, wie problematisch die Betrachtung menschlichen Wirkens als integralem Bestandteil der natürlichen Entwicklung ist.

Die Frage hinter der Frage

Der Begriff „Nachhaltigkeit“ wird heute überwiegend in Verbindung mit menschlichen Aktivitäten verknüpft. So gibt es nachhaltiges Bauen, nachhaltige Kredite, nachhaltige Produktion von was auch immer etc. Gemeint ist damit, dass der Ressourcenverbrauch im Zusammenhang mit diesen Tätigkeiten unter dem Gesichtspunkt der Nachhaltigkeit optimiert wurde. Bei dieser Betrachtung geht leicht der Blick dafür verloren, ob das Produkt als solches und wenn ja, in welcher Quantität und Qualität einen sinnvollen Beitrag zur Nachhaltigen Entwicklung der Menschheit leistet. Hier ist im weitesten Sinne die Frage der Suffizienz angesprochen.

So kann es möglicherweise kein optimaler Beitrag zur Nachhaltigen Entwicklung sein, wenn zwar der Treibstoffbedarf je Leistungseinheit eines Fahrzeugs sinkt, gleichzeitig aber die Motorleistung erhöht wird oder der Wagenbesitzer mit dem sparsameren Fahrzeug nunmehr weitere Strecken zurücklegt. Dieses Problem wird auch als Rebound-Effekt bezeichnet und bedarf im Zusammenhang mit Fragen der Nachhaltigen Entwicklung einer besonderen Aufmerksamkeit.

Unabhängig hiervon steht die Frage im Raum, ob überhaupt in den heute bestehenden Herrschaftssystemen, sowohl den demokratisch verfassten als auch den sonstigen, mit Aussicht auf Erfolg eine Suffizienzdebatte geführt werden kann.

Die Idee der „Nachhaltigkeit“ in ihrem Kern kann vor dem Hintergrund der in diesem Buch angestellten Überlegungen nur das Bemühen kennzeichnen, „dass zu jedem auch in der Zukunft liegenden Zeitpunkt die notwendigen Voraussetzungen für erfahrendes und erkennendes menschliches Leben gegeben sind."[79] Die so verstandene Nachhaltigkeit stellt gegenwärtig eine große Herausforderung dar. Der Impakt der memetischen Evolution auf die sie tragende, von materieller und genetischer Evolution geprägte, nicht-menschliche Natur gefährdet die Nachhaltige Entwicklung der Menschheit. Dieser Herausforderung, die als solche nicht neu ist, stellt sich die Menschheit derzeit. Dabei emergieren Effekte, die zu einer neuen Art von Evolution, nämlich der transmemetischen, führen können. Deren Rückwirkungen auf die memetische könnten neben Chancen erhebliche Risiken für die Menschheit bergen.

Hilfreiche Impulse zur Gewährleistung der Nachhaltigen Entwicklung könnte die Raumfahrt geben. Sie entwickelt Systeme, die weit entfernt von natürlichen Rahmenbedingungen menschliches Leben ermöglichen. Sie entlastet damit das natürliche System und erscheint eine der memetischen Evolution adäquate Entwicklung zu sein. Darüber hinaus vermag sie einen Beitrag zur Entlastung der irdischen Ressourcen zu leisten, indem auf extraterrestrische Rohstoffe, wenn nicht sogar extraterrestrische Produktionsstätten zurückgegriffen werden kann. Auch ist eine Verminderung des Bevölkerungsdrucks durch Auswanderung, dieses Mal von unserem Planeten, denkbar.

Schließlich fördert Raumfahrt, und das mit Blick auf die Risiken einer transmemetischen Evolution, das bewusste Zusammenwirken von Menschen und (teil-)autonomen Agenten.

---

[79] Vgl. hierzu: BOLZ, H. R., 2005, S. 67.

Bei der Förderung einer solchen Raumfahrt spielt zumindest in der Initialphase der Staat eine große Rolle, sei es durch aufklärende Information, Förderung durch Bereitstellung personeller und finanzieller Ressourcen, Schaffung eines ordnungsrechtlichen Rahmens und/oder durch Selber-Handeln.

Ein Dankeschön

Die Arbeit an diesem Buch war begleitet von intensiven Gesprächen mit vielen Menschen. Teilweise waren dies gute Bekannte und Freunde, teilweise Fremde, mit denen ich am Rande von Tagungen oder bei anderen, flüchtigen Begegnungen in einen guten Gedankenaustausch kam. Ihre Anregungen haben in unterschiedlicher Form meine Überlegungen bereichert, wofür ich sehr dankbar bin.

Besondere Dankbarkeit empfinde ich gegenüber Herrn Professor Wolfgang Haber, der mir immer wieder als Ansprechpartner und Vorbild zur Seite stand. Ebenso danke ich meiner Familie, insbesondere meiner Frau Petra, für deren Verständnis, dass mich die Arbeit an diesem Buch mitunter über Gebühr fesselte.

Literaturverzeichnis

ALT, F., Krieg um Öl oder Frieden durch Sonne, Riemann, München, 2002

BARATTA, M. v. (Hrsg.), Der Fischer Weltalmanach 2000, Frankfurt/M., 1999

BAYERISCHE AKADEMIE DER WISSENSCHAFTEN, Rundgespräche der Kommission für Ökologie, Welche Natur sollen wir schützen?, München, 1990

BÖHRET, C., Die Zeit nach dem E-Government, in KLEWITZ-HOMMELSEN, S., BOHN, H. (Hrsg.), LIT, Münster, 2005

BOJOWALD, M., Zurück vor den Urknall, S. Fischer, Frankfurt, 2009

BOLZ, H. R., Der memetische Pfad, Books on Demand, Norderstedt, 2014

BOLZ, H. R., Der Staat als Zukunftsagentur - Gesellschaft und Herrschaftssysteme in Nachhaltiger Entwicklung, Books on Demand, Norderstedt, 2013

BOLZ, H. R., Nachhaltigkeit, eine weitere Worthülse oder ein wirksamer Beitrag zur Verringerung der Ontologischen Differenz?, Books on Demand, Norderstedt, 2005

BUNDESMINISTERIUM für Umwelt, Naturschutz, Bau und Reaktorsicherheit, Naturbewusstsein 2015, Publikationsversand der Bundesregierung, Rostock, 2016

BUSCH, B. (Hrsg.), Jetzt ist die Landschaft voller Wörter, Wallstein Verlag, Göttingen 2007

CHILDE, V.G., Man Makes Himself, C. A. Watts & Co. Ltd., London/Glasgow, 1965

COEN, E., Die Formel des Lebens, Hanser, München, 2012

CRUTZEN, P. J., Geology of mankind, Nature 415, 1999, S. 23

DALEI LAMA, Zitat aus einem Interview desselben mit Franz Alt aus dem Jahre 2004, eingesehen am 23.10.2016 unter www.die-klimaschutz-baustelle.de/zitate_natur_klima-erwaermung.html.

DARWIN, C. (1859), On the Origin of Species, Nikol, Hamburg, 2004

DAWKINS, R., Das egoistische Gen, Spektrum, Heidelberg, Berlin, Oxford, 1994

DAWKINS, R., Der entzauberte Regenbogen, Reinbek bei Hamburg, Rowohlt, 2002

DIAMOND, J., Arm und Reich, Fischer, Frankfurt am Main, 2006

DREWERMANN, E., Wozu Religion?, Herder, Freiburg, 2009

FOLEY, R. Menschen vor Homo sapiens, Thorbecke, Stuttgart, 2000

GOUDSBLOM, J., Die Entdeckung des Feuers, Insel Verlag, Frankfurt/Leipzig, 1995

GRADEL, E., CRUTZEN, P. J., Atmosphäre im Wandel, Spektrum, Heidelberg/Berlin/Oxford, 1996

GREENFIELD, S., Tomorrow's People, Penguin Books, London, 2004

HABER, W., Die unbequemen Wahrheiten der Ökologie, oekom, München, 2010

HABER, W. et al., Die Welt im Anthropozän, oekom, München, 2016

HARARI, Y.N., Homo Deus, C.H. Beck, München, 2017

HAWKING, ST., Das Universum in der Nussschale, Deutscher Taschenbuch Verlag, München, 2001

KIRSCH, W., Kommunikatives Handeln, Autopoiese, Rationalität, Verlag Barbara Kirsch, München 1992

KRATOCHVIL, H., Im Prinzip Jäger und Sammler, Galila, Etsdorf am Kamp, 2012

KÜSTER, H., Das ist Ökologie, C.H. Beck, München, 2005

LEAKEY, R., LEWIN, R., Der Ursprung des Menschen, Fischer, Frankfurt/M., 2001

MATURANA, H. R., VARELA, F. J., Der Baum der Erkenntnis, Fischer Taschenbuch Verlag, Frankfurt/M., 2012

McNEILL, J. R., Blue Planet, Campus, Frankfurt/New York, 2003

MERSCH, P., Systemische Evolutionstheorie, Eigenverlag, Saasen, 2012

ORNSTEIN, R., Evolution des Bewusstseins, VAK, Freiburg, 1996

PEARCE, F., Die neuen Wilden, oekom, München, 2016

PEITGEN, H.-O. et al., Bausteine des Chaos, Klett-Cotta, Stuttgart, 1992

PLATON; Phaidros oder vom Schönen, Reclam, Stuttgart, 1957

PRESS, F. et al.; Allgemeine Geologie, Springer Verlag, Berlin, Heidelberg, 2008

REICH, J. Es wird ein Mensch gemacht, Rowohlt, Berlin, 2003

ROBINSON, A., Die Geschichte der Schrift, Albatros, Düsseldorf, 2004

RÖHRLICH, D., Evolution auf der Achterbahn, Bloomsbury, Berlin, 2006

SAGAN, C., The Dragons Of Eden, Ballantine, New York, 1977

SCHURZ, G., Evolution in Natur und Kultur, Spektrum, Heidelberg, 2011

SMOOT, R., Das Echo der Zeit, Bertelsmann, München, 1995

VAAS, R., Vom Gottesteilchen zur Weltformel, Kosmos, Stuttgart, 2013

VAHRENHOLDT, F./LÜNING, S., Die kalte Sonne, Hoffmann und Campe, Hamburg, 2012

WARD, P.D., BROWNLEE, D. Rare Earth, Copernicus Books, New York, 2004

WARWICK, K., QI: The Quest for Intelligence, Piatkus, London, 2000

WILBER; K., Eine kurze Geschichte des Kosmos, Fischer, Frankfurt, 1997

WRANGHAM, R., PETERSON, D., Bruder Affe, Heinrich Hugendubel, München, 2001

Vom Autor bisher erschienen:

Denk-mal-Gedichte und Texte zum Verschenken

Gedichte und Texte zum Nachdenken. Denken, ahnen, sich treiben lassen ist etwas Urmenschliches, macht Spaß, mitunter neugierig, manchmal auch ein klein wenig zufriedener mit sich selbst. Damit hilft es uns und uns allen.

IDBN 3-8311-0420-0, 6,54 €.

Gwen

Wie viele andere Menschen auch hatte Gwen bis vor wenigen Jahren eher oberflächlich in den Tag gelebt. Ihre aufkeimende Suche nach dem Lebenssinn verdichtet sich dramatisch bei einem Besuch der Île d'Ouessant vor der bretonischen Küste.

Ausgelöst durch eine Bemerkung eines Urlaubers am Kai vor ihrer Rückfahrt zum Festland reflektiert sie in Sekundenschnelle ihr bisheriges Leben. Ihre Gedanken kreisen dabei um sie drängende Fragen nach der erfolgreichen Pflege zwischenmenschlicher Beziehungen, dem Verhältnis Mensch zur Natur, dem wirklichen Wert des Lebens und dem Aufbruch aus der Enge des alltäglichen Lebens. Ihr gelingt es schließlich, ihre Gedanken zu einem neuen Lebensentwurf für sich und ihren Partner zu verbinden.

ISBN 3-8311-1153-7, 7,06 €

Nachhaltigkeit – eine weitere Worthülse oder ein wirksamer Beitrag zur Verringerung der Ontologischen Differenz

Nachhaltigkeit ist seit Rio 1992 in aller Munde. Sektorale Nachhaltigkeitsansätze prägen seither die Programmsprache insbesondere von Politik und Verbänden. Dabei wird zunehmend spürbar, dass zwischen sektoralen Ansätzen neben synergistischen auch konfliktäre Beziehungen bestehen, wobei letztere derzeit bei weitem noch nicht abgearbeitet sind.

Vor diesem Hintergrund formuliert der Autor ausgehend von den forstlichen Wurzeln des Begriffs Nachhaltigkeit ein geschlossenes Konzept nachhaltiger Entwicklung. In dessen Mittelpunkt steht die nachhaltige Entwicklung der Menschheit, die durch den Überhang der von ihr bewirkten kulturellen Evolution, wie beispielhaft dargelegt wird, massive Probleme im Beziehungsgeflecht Mensch/Natur erzeugt hat. Normatives Element dieses anthropozentrisch verstandenen Nachhaltigkeitsbegriffs ist im Gegensatz zu Überlegungen etwa der Generationengerechtigkeit oder der Sicherstellung der Befriedigung von Bedürfnissen künftiger Generationen die Maxime zur Verringerung der Ontologischen Differenz: Jeder Mensch soll im Rahmen seiner Möglichkeiten hierzu durch Erkenntnis- und Erfahrungsgewinn einen weitreichenden Beitrag leisten. Hierdurch wird es möglich sein, gefährdete Beziehungen zur Natur zu entlasten und den Fortbestand der menschlichen Gesellschaft zu sichern.

So verstandene nachhaltige Entwicklung bedarf gesellschaftlicher Rahmenbedingungen, die nur von einem handlungsfähigen Staat auf der Basis einer neu gedachten Politik sichergestellt werden können. Dazu müssen Entwicklungen der Postmoderne korrigiert werden. Leitlinien hierzu werden für die Politikfelder Familie, Bildung, Energie, Umwelt und Wirtschaft entwickelt.

ISBN 3-8334-2812-0, 15,50 €

Eine Kindheit in Kaiserslautern

Mit zu den schönsten Zeiten unseres Lebens gehört unsere Kindheit. Sehnsüchte, Hoffnungen, Träume und Wünsche sind noch frei entfaltet und nicht durch die Routine des Erwachsenen-Alltags abgeschliffen.

Hermann R. Bolz schildert mit heimlicher Sympathie seine noch von den Nachwirkungen des II. Weltkriegs geprägten Kindheitserlebnisse in der Westpfalzmetropole Kaiserslautern. Impressionen aus der Vergangenheit, die ihn bis heute leise begleiten.

ISBN 978-3-8370-1437-2, 10,90 €

Waugalt

Am Ende eines Lebens erscheinen die Dinge in einem anderen Licht, stelle sich uns unerbittliche Fragen, deren Beantwortung einem Urteil über unser Handeln gleichkommt. Waugalt spürt, dass er seine schwere Krankheit nicht mehr besiegen kann. Er zieht leidenschaftlich Bilanz und ist glücklich darüber, dass es einen lieben Menschen gibt, der ihm in diesen schwierigen Tagen zur Seite steht.

ISBN 978-3-8370-7078-1, 9,80 €

Robär

Unter der Aschewolke des Yellowstone streben Robär (Robert) und zwei weitere Männer ans Ende der Welt. Ihre atemberaubende Reise ist begleitet von phantastischen Ereignissen und Begegnungen, die bei aller Surrealität drängende Gegenwartsantworten herbeisehnen.

ISBN 9-783842-354029, 9,80 €

Der Staat als Zukunftsagentur – Gesellschaft und Herrschaftssysteme in Nachhaltiger Entwicklung

Ihrem Wesen nach anthropogen und anthropozentrisch ist Nachhaltige Entwicklung gleichwohl keine neue Metaerzählung. Sie ist vielmehr die notwendige Hülle, innerhalb derer es gelingen mag, tradierte große Erzählungen zu bewahren und neue zu begründen.

Nachhaltige Entwicklung wird in erster Linie von der Gesellschaft gestaltet. Erst dort, wo gesellschaftliche Kräfte nicht mehr hinreichend wirksam sind, tritt der Staat subsidiär gewährleistend ein ko-evolutiv verknüpft bilden Staat und Gesellschaft auf diese Weise eine Verantwortungsgemeinschaft.

Die rasche Entwicklung der Menschheit, die insbesondere auf den Wirkungen der memetischen Evolution beruht, führt immer wieder zu Risiken für die Nachhaltige Entwicklung. Mit dem Instrument der Nachhaltigkeitsfolgenabschätzung versetzt sich der Staat in die Lage, diese Entwicklung zu begleiten und erforderlichenfalls ohne kritische Verzögerung Maßnahmen zur Gewährleistung der Nachhaltigen Entwicklung zu initiieren.

Wohin den Menschen seine Metaerzählungen führen werden, liegt im Raum der unbegrenzten Möglichkeiten. Dessen gestaltbare Größe hängt jedoch unmittelbar von der Gewährleistung der Nachhaltigen Entwicklung ab und ginge unmittelbar mit dieser unter. Insofern ist die Gewährleistung der

Nachhaltigen Entwicklung eine notwendige Voraussetzung zur Überwindung der Kontingenz menschlichen Seins. Mit dem expliziten Bezug auf die subsidiär wirksame Gewährleistung der Nachhaltigen Entwicklung als Kernaufgabe schlüpft der Staat, schlüpfen Herrschaftssysteme in eine Rolle als Zukunftsagenturen.

ISBN 978-3-8482-5956-4, 19,90 €

Der memetische Pfad

Mit uns Menschen ist eine weitere Art der Evolution auf der Erde aufgetreten: die kulturelle, oder nach Richard Dawkins, die memetische Evolution. Durch sie überwindet der Mensch seine körperlichen Begrenzungen in atemberaubender Weise. Damit unmittelbar verknüpft ist ein ungeheures Maß an Energieumwandlung mit weitreichenden Folgen für die unbelebte und die belebte Natur. Die Wirkmächtigkeit dieser Evolution ist so gewaltig, dass man inzwischen die Zeit nach 1750 n.Chr. als das Anthropozän, also ein vom Menschen geprägtes Erdzeitalter, bezeichnet

Nicht zuletzt durch Gen- und Biotechnik in Verbindung mit den unabsehbaren Gestaltungsmöglichkeiten, welche die modernen elektronischen Medien eröffnen, entflicht die Menschheit zunehmend die Verbindung zu ihren ursprünglichen, natürlichen Wurzeln. Der zentrale Ort dieser sich beschleunigenden Entwicklung wird die urbane Verdichtung sein. Der Weg dorthin führt über den in diesem Beitrag dargestellten memetischen Pfad. Auf dieser Wanderung kommt dem Staat als subsidiär wirksamem Gewährleister der Nachhaltigen Entwicklung eine besondere Verantwortung zu.

ISBN 978-3-7357-7740-9, 7,50 €

Meine Gedanken

Mein Reigen

MIX
Papier aus verantwortungsvollen Quellen
Paper from responsible sources
FSC® C105338